Pelze, Gold und Weihwasser

[GESCHICHTE ERZÄHLT]

Herausgegeben von
Kai Brodersen, Uwe A. Oster, Thomas Scharff und Ute Schneider

Bd. 1, Die Welt Homers, ISBN 978-3-89678-319-6
Bd. 2, Hexenjagd in Deutschland, ISBN 978-3-89678-320-2
Bd. 3, Der königliche Kaufmann oder wie man ein Königreich saniert, ISBN 978-3-89678324-0
Bd. 4, Zechen und Bechern. Eine Kulturgeschichte des Trinkens und Betrinkens, ISBN 978-3-89678-323-3
Bd. 5, Hinter Klostermauern. Alltag im mittelalterlichen Kloster, ISBN 978-3-89678-321-9
Bd. 6, Krieg in der Antike, ISBN 978-3-89678-339-4
Bd. 7, CARE-Paket & Co. Von der Liebesgabe zum Westpaket, ISBN 978-3-89678-344-8
Bd. 8, Unter dem Vesuv. Alltag in Pompeji, ISBN 978-3-89678-340-0
Bd. 9, Baden, spielen, lachen. Wie die Römer ihre Freizeit verbrachten, ISBN 978-3-89678-346-2
Bd. 10, Seide, Pfeffer und Kanonen.Globalisierung im Mittelalter, ISBN 978-3-89678-322-6
Bd. 11,Veni, vidi, vici. Caesar und die Kunst der Selbstdarstellung, ISBN 978-3-89678-333-2
Bd. 12, Napoleons Soldaten. Alltag in der Grande Armée, ISBN 978-3-89678-366-0
Bd. 13, Pelze, Gold und Weihwasser. Handel und Mission in Afrika und Amerika, ISBN 978-3-89678-334-9
Bd. 14, Als die Römer frech geworden. Varus, Hermann und die Katastrophe im Teutoburger Wald, ISBN 978-3-89678-341-7
Bd. 15, Stadtluft macht frei. Leben in der mittelalterlichen Stadt, ISBN 978-3-89678-364-6

Christoph Marx

Pelze, Gold und Weihwasser

Handel und Mission in Afrika und Amerika

[GESCHICHTE ERZÄHLT]

Die Deutsche Nationalbibliothek verzeichnet diese Publikation in der Deutschen Nationalbibliografie; detaillierte bibliografische Daten sind im Internet über http://dnb.d-nb.de abrufbar.

Die Herausgabe des Werkes wurde durch die Vereinsmitglieder der WBG ermöglicht.
Gedruckt auf säurefreiem und alterungsbeständigem Papier
Einbandgestaltung: Jutta Schneider, Frankfurt
Einbandabbildung: Das amerikanische Schiff *Columbia Rediviva* im Nootka Sound, Vancouver Island, 1792. Kapitän Robert Gray beim Fellhandel mit Indianern. Gemälde von Louis Dodd.
Foto: akg-images
Redaktion: Kathrin Friedrich, Darmstadt
Layout: Petra Bachmann, Weinheim
Gestaltung und Satz: Hagedorn Kommunikation, Viernheim
Printed in Germany

www.primusverlag.de

ISBN: 978-3-89678-334-9

Inhalt

Begegnung mit fremden Welten: Einleitung

Während des Mittelalters waren große Teile der Iberischen Halbinsel islamisiert und im Kalifat von Cordoba politisch organisiert. Über mehrere Jahrhunderte dauerten die Kriege, in deren Verlauf die christlichen Herrscher von ihren Machtbereichen im Norden aus allmählich Gebiete zurückgewannen. Diese sogenannte Wiedereroberung (Reconquista) für das Christentum stärkte beim christlichen Adel die kriegerischen Tugenden und nährte eine tiefe Feindschaft gegen den Islam. Nachdem Portugal bereits im Hochmittelalter und Kastilien 1492 gänzlich rechristianisiert waren, setzten die Eroberer beim Versuch, die Muslime auch in Nordafrika zurückzudrängen, über die Straße von Gibraltar. Neben ihrer antiislamischen Grundhaltung motivierte sie auch die Suche nach Gold. Denn die Iberische Halbinsel war im Gegensatz zum Rest des christlichen Europa bei der Gold- statt einer Silberwährung geblieben. Von christlichen Stützpunkten aus wollte man die nördlichen Endstationen der Transsahara-Karawanen unter Kontrolle bekommen. Diese Karawanen brachten nämlich Gold aus dem Süden, von dem jedoch nur vergleichsweise geringe Mengen ihren Weg zu den Christen fanden. Als die aufwendigen Eroberungsversuche wiederholt scheiterten, entwickelten die Portugiesen Alternativen, sie suchten nämlich den Weg zu den Goldquellen im Süden über das Meer. Auf diese Weise wollten sie den islamischen Herrschaftsbereich umgehen und hofften, jenseits auf Bundesgenossen zu stoßen.

Papst Nikolaus V. zeigte sich hocherfreut über den Glaubenseifer der Portugiesen und die sich daraus ergebenden Aussichten, das Christentum zu verbreiten. Dadurch fühlte er sich bewogen, im Jahr 1455 dem portugiesischen Königshaus seine Unterstützung und die Rechte auf die entdeckten Gegenden im Südatlantik zuzusichern. Er erteilte ihnen den Auftrag, den vermeintlichen indischen Christen

> gegen die Sarazenen und die anderen Feinde des Glaubens beizustehen, desgleichen verschiedene heidnische oder ungläubige Völker, die gleichfalls dort leben, ohne im geringsten von der Irrlehre des gottlosen Mahomet vergiftet zu sein, in beständigem Kampf zu bezwingen und dort den ihnen noch unbekannten heiligen Namen Christi zu verkünden oder verkünden zu lassen.[1]

Wie so oft in der Geschichte, entwickelte auch dieses Unternehmen seine Eigendynamik. Dennoch sollten wir nicht vergessen, dass die europäische Expansion ursprünglich vom Hass auf den Islam und von der Gier nach Gold motiviert war, keineswegs von den edlen Absichten, die die Europäer später so gern für sich in Anspruch nahmen.

Die Begegnung mit Menschen aus anderen Kulturen beeinflusste die europäische Expansion. Denn die Europäer staunten über große Reiche in Asien, die reicher und kultivierter waren als ihre eigenen. Sie lernten unbekannte Religionen und Gesellschaften kennen, die sich in keines der vertrauten Muster einfügen ließen. Portugiesen und Spanier, später auch Niederländer, Franzosen und Briten, waren keineswegs so überlegen, wie sie sich einredeten, sondern mussten sich oft lokalen Verhältnissen anpassen und ihre wirtschaftlichen Gewinnchancen für politische Unterwerfungsgesten einhandeln. Die Versuche, das Christentum zu verbreiten, stießen nicht nur bei Muslimen auf Ablehnung und Widerstand.

Als Vasco da Gama nach der Umseglung Afrikas im indischen Calicut ankam, musste er feststellen, dass der dortige Herrscher und die lokalen Kaufleute nur Hohn und Spott für seine Handelswaren und Geschenke hatten. Immerhin fand er eine Kirche, in der er und seine Begleiter ihre Gebete verrichteten, wenn ihnen auch einiges merkwürdig erschien:

> Viele Heilige, mit Kronen auf den Häuptern, waren auf die Wände der Kirche gemalt. Sie waren sehr merkwürdig dargestellt, die Zähne ragten einen Zoll breit aus dem Mund hervor, oder sie hatten vier oder fünf Arme.[2]

Erst langsam dämmerte es den Portugiesen, dass sie es keineswegs mit Christen, sondern mit einer ganz anderen Religion zu tun hatten.

In diesem Buch wird anhand von vier verschiedenen Beispielen die große Bandbreite der Begegnung mit Europäern ausgemessen, wobei die Sicht der anderen, soweit die Quellen dies erlauben, einbezogen wird. Dabei wird sich zeigen, dass nicht nur die großen Reiche der Osmanen, der Perser, der Inder, Chinesen und Japaner den Europäern enge Grenzen setzten, sondern auch Völker, die in diesem Zusammenhang oft übersehen werden, wie die nordamerikanischen Indianer. Reiche, die man im „geschichtslosen“ Afrika ohnehin nicht vermutete, nutzten die Europäer für ihre Zwecke, hielten die Missionare auf Abstand und erwiesen sich als den weißen Kaufleuten ebenbürtige Partner.

Die vier Kapitel behandeln Beispiele aus dem südlichen Afrika und Nordamerika, Regionen also, die in den geläufigen Darstellungen der europäischen Expansion gegenüber den asiatischen Großreichen eher als Nebenschauplätze behandelt werden. Doch sind gerade diese Begegnungen besonders interessant, die Missverständnisse sind teilweise von unfreiwilliger Komik, doch der Umgang miteinander blieb von anhaltendem Misstrauen beider Seiten geprägt. Die Kontakte wurden hauptsächlich vom Interesse an den Waren des jeweils anderen aufrechterhalten.

Über die Jahrhunderte hinweg änderte sich an den Mustern der Begegnung und des Umgangs gar nicht so viel, sondern erst das Eintreffen weißer Siedler ließ die Machtbalancen dauerhaft zugunsten der Eindringlinge kippen. Ansonsten gestalteten sich die Verhältnisse je nach Region ganz verschieden, gemeinsam hatten sie nur die Uneindeutigkeit der Machtverhältnisse, von denen niemand hätte vorhersagen können, dass die Europäer sich durchsetzen würden.

Die beiden ersten Beispiele behandeln Begegnungen mit Europäern im südlichen Afrika und in Nordamerika während dem 16. und 17. Jahrhundert, als selbst kleine Völker wie die Huronen oder küstennahe kleine Reiche wie Kiteve im heutigen Mosambik keinen Anlass hatten, die militärische Macht der Europäer mehr zu fürchten als die ihrer eigenen Nachbarn. Neben den kommerziellen Interessen wollten die Europäer auch die christliche Religion verbreiten, weshalb schon früh Missionare in diesen Gebieten aktiv wurden. In beiden Fällen waren Jesuiten als Missionare tätig. Sie mussten ihre Strategien den lokalen Verhältnissen anpassen und nach Mitteln und Wegen suchen, die einheimische Bevölkerung von der Überlegenheit des Christentums zu überzeugen. Die Erfolge waren lange Zeit höchst bescheiden, wenn die Mission nicht an die Ausbreitung europäischer Macht gekoppelt war. Auch die Kaufleute mussten sich den Machtverhältnissen beugen, sich lokaler Etikette genauso unterwerfen wie sie gezwungen waren, die Palette der

Waren dem Geschmack und den Statuserfordernissen ihrer afrikanischen oder indianischen Handelspartner anzupassen.

Im frühen 19. Jahrhundert schickten sich erstmals protestantische Missionare in größerer Zahl und mit einer durch die Erweckungsbewegung und den Pietismus gespeisten Begeisterung an, ihren Glauben zu verbreiten. Sie stießen auf vergleichbare Widerstände, doch gingen sie in viel stärkerem Maß von einer selbstverständlichen Überlegenheit der europäischen Zivilisation über alle anderen aus. Dieses gewachsene Selbstbewusstsein war getragen von den großen wissenschaftlichen und technischen Fortschritten in Europa und von der allmählich artikulierten Überzeugungen rassischer Überlegenheit. Im südlichen Afrika stießen Missionare und Händler auf sich neu formierende Reiche mächtiger Herrscher wie dasjenige des gefürchteten Mzilikazi. An der Nordwestküste Amerikas wurde der Pelzhandel mit den dortigen machtvollen Häuptlingen allmählich abgelöst von Landwirtschaft, kommerzieller Fischerei und Bergbau. Abermals war es das Gold, das in wachsender Zahl die weißen Siedler in die Gegend lockte. Erst die Besiedlung und die demografische Verschiebung, die sie mit sich brachte, hatte die Marginalisierung der Indianer zur Folge, während die Völker des südlichen Afrika von expansiven Kolonialbeamten und goldgierigen Bergbaubetreibern unterworfen wurden. Das zeigt, dass während der Jahrhunderte der europäischen Expansion dieser bestimmte Leitmotive zugrunde lagen, nämlich Handel und Mission: Von ihrem Ausgangspunkt in der Feindschaft gegen den Islam und der Suche nach Gold für die innereuropäischen Kriege bis hin zum privaten Glück der Goldsucher und dem jenseitigen frommer Missionare. Dieses Buch wird das Verhältnis von Handel und Mission genauer in den Blick nehmen, denn beide prägten die Begegnung mit fremden Welten.

Glücklose Konquistadoren: Die Portugiesen in Südostafrika

Im Jahr 1331 kam der damals 27-jährige muslimische Gelehrte Ibn Battuta (1304–ca. 1377) in der ostafrikanischen Hafenstadt Kilwa an. Diese Stadt war der südlichste Punkt, den er während seiner insgesamt mehr als 30 Jahre dauernden Weltreise besuchen sollte. Eigentlich wäre er gern noch weiter nach Süden in die sagenumwobene Stadt Sofala gereist, die gegenüber der großen Insel Madagaskar lag. Das blieb ihm wegen der widrigen Meeresströmungen jedoch versagt. Sofala war so berühmt, weil die Bewohner des Landesinneren Gold lieferten, das von der Stadt aus seinen Weg in die Fernhandelsnetze des Indischen Ozeans nahm.

Seit etwa 700 n. Chr. war Afrika in ein Handelsnetz einbezogen, das von der ostafrikanischen Küste bis in die Inselwelt Südostasiens, ja bis nach China reichte, wobei viele der Kaufleute aus den muslimischen Regionen Arabiens und Indiens stammten. Dadurch wurde der Westen des Indischen Ozeans geradezu zu einem islamischen Binnenmeer. Darum konnten sich Muslime in dieser Region problemlos bewegen, zumal ein Schriftgelehrter wie Ibn Battuta überall willkommen war.

An der ostafrikanischen Küste hatten sich über die Jahrhunderte hinweg muslimische Händler niedergelassen und sich mit der Küstenbevölkerung vermischt. Daraus entstand eine eigene afrikanisch-arabische Mischkultur, die Swahili-

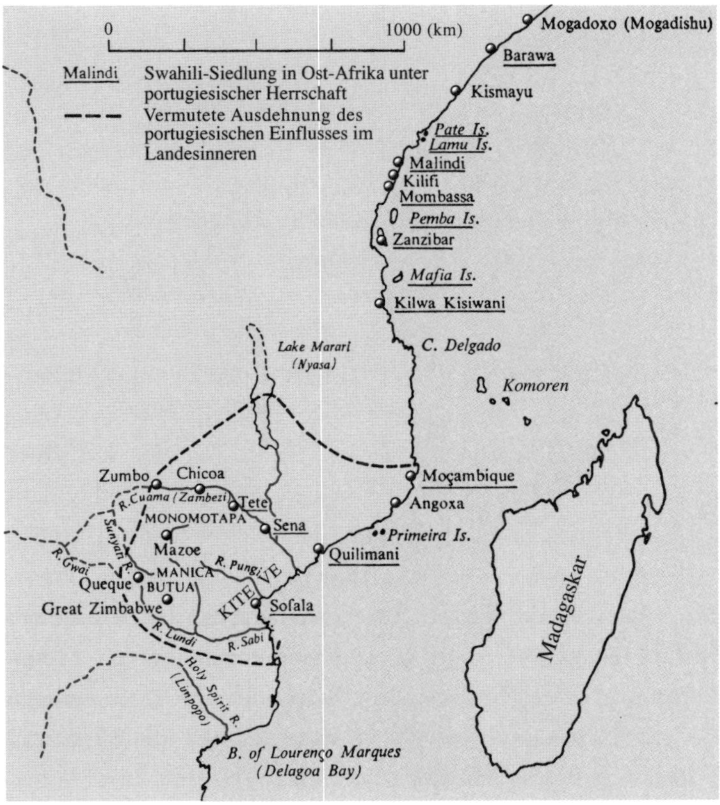

Die Karte zeigt die wichtigsten Swahili-Städte an der Ostküste Afrikas sowie die Zone portugiesischen Einflusses im unteren Sambesital und im *Mwene Mutapa*-Reich.

Kultur. Ein portugiesischer Autor des frühen 16. Jahrhunderts beschrieb die Swahili:

> Diese Mauren sind schwarze Männer, und unter ihnen sind einige sehr dunkelbraune, einige von ihnen sprechen arabisch, die anderen die Landessprache, also diejenige der Heiden. Sie bedecken sich von der Hüfte abwärts mit Stoffen aus Baumwolle oder Seide, sie tragen andere Stoffe, die zu Umhängen gefaltet sind und Turbane auf ihren Köpfen.[1]

Mauren und Kaffirs

Die Portugiesen nannten die Muslime „Mauren" oder Mohren, was keine Rassenbezeichnung für schwarzhäutige Menschen war. João de Barros (1496–1570), einer der bedeutendsten portugiesischen Historiker seiner Zeit, schrieb in seinem Buch *Da Asia*, dieses Land sei bevölkert von „Heiden, die die Mauren Kaffirs nennen". *Kaffir* ist ein arabisches Wort und heißt Ungläubiger, womit die Swahili die Bewohner des Landesinneren bezeichneten. „Der Name Kaffirs wird bei uns mittlerweile allgemein gebraucht wegen der vielen von ihnen, die wir als Sklaven haben."[2] Die Niederländer übernahmen den Begriff Kaffir von den Portugiesen und wandten ihn auf die bantusprachige Bevölkerung Südafrikas an.

Die Swahili bewohnten Städte, die sich wie die Perlen auf einer Schnur die ganze ostafrikanische Küste entlang von Mogadischu im Norden bis Sofala im Süden aufreihten. Sie bezogen ihre Nahrungsmittel über den lokalen Handel, die lukrativen Güter wie Metalle, Elfenbein oder Leder aus dem Landesinneren. Im Gegenzug lieferten sie Glasperlen, Stoffe aller Art und verschiedenste Luxus- und Prunkgüter für die afrikanische Elite, wobei die Glasperlen ebenso wie die Stoffe auch als Währung fungierten. Die Afrikaner kontrollierten diesen Handel, denn sie, die Bewohner des Landesinneren, brachten ihre Waren an die Küste, während die Swahili kaum je den schmalen Küstenstreifen verließen, sodass sich der islamische Einfluss auf das unmittelbare Küstengebiet beschränkte. Der Handel erlebte im 15. Jahrhundert eine Blütezeit, da gerade zu dieser Zeit besonders viele neue Handelsposten eingerichtet und prachtvolle Moscheen und andere Gebäude aus Korallengestein aufgeführt wurden.

Ibn Battuta führte lange Gespräche mit seinem Gastgeber, dem Sultan von Kilwa, und sammelte auch sonst eifrig die Informationen, die er über die Länder weiter im Süden erhalten konnte.

> Ein Kaufmann erzählte mir, dass Sofala eine halbe Monatsreise von Kilwa entfernt liegt und dass eine Reise von Sofala nach Yufi im Land der Limiin einen Monat dauert. Goldstaub wird von Yufi nach Sofala gebracht.[3]

Dies ist die einzige bekannte Quelle, die den Eigennamen eines Orts überliefert, der als größte Steinruine südlich der Sahara Berühmtheit erlangte: Simbabwe. Dieses Wort ist wahrscheinlich abgeleitet von *dzimba dza mabwe* und bedeutet „Haus aus Stein“. Benannt wurden damit Wohnsitze von *Chiefs* (Häuptlingen), d. h. ein Simbabwe entsprach von seiner Funk-

Im Inneren der großen Talruine von *Great Zimbabwe*. Die Anlage ist durch Steinmauern unterteilt, wobei wegen unsachgemäßer Raubgrabungen in der Kolonialzeit die Funktion der Gebäudeteile nicht mehr rekonstruiert werden kann.

tion her einem europäischen Adelssitz, einer Burg oder einem Schloss. Die Bauwerke bestanden aus Mauern, die aus zugehauenen Granitsteinen in der Größe von Ziegelsteinen, aber ohne Mörtel aufgeschichtet wurden. Sie umfriedeten den eigentlichen Wohnbezirk, der aus einer Ansammlung runder Häuser bestand. Das Land, das heute den Namen Simbabwe trägt, ist übersät mit Hunderten solcher Steingebäude von ganz unterschiedlicher Größe. Das weitaus größte und prachtvollste, auf das sich Ibn Battuta bezog, wird heute *Great Zimbabwe* genannt. Mit seiner an einigen Stellen zehn Meter hohen und fast fünf Meter dicken Umfassungsmauer war es Sitz eines machtvollen Herrschers und das Zentrum eines ausgedehnten Reichs, denn die Stadt beherbergte mindestens 10 000 Menschen. Ihre Blütezeit lag zwischen etwa 1200 n. Chr. und dem letzten Viertel des 15. Jahrhunderts, als sie verlassen wurde. Etwa 25 Jahre danach drangen mit Vasco da Gamas Flotte die ersten Europäer in den Indischen Ozean vor.

Handel an der Küste

Den Portugiesen gelang es innerhalb kurzer Zeit mittels brachialer Gewalt, die Handelsnetze des Indischen Ozeans unter ihre Kontrolle zu bringen. Die Karavellen der Portugiesen mit ihren zahlreichen Kanonen und Soldaten an Bord waren den unbewaffneten Handelsschiffen der Ozeananrainer überlegen. An eine Eroberung der mächtigen Reiche im Hinterland der Hafenstädte war jedoch nicht zu denken, weswegen sie nur einige befestigte Stützpunkte an den Küsten eroberten, um den Handel über See zu kontrollieren.

In Ostafrika ließen sich die Portugiesen zuerst in dem Ort nieder, von dessen Kontrolle sie sich den direkten Zugang zum Gold Afrikas erhofften, in Sofala. Bereits 1508 schlug der in der

Stadt Mosambik stationierte Duarte de Lemos in einem Brief an König Manuel von Portugal vor, die Muslime gänzlich aus dem Handel auszuschalten:

> Diejenigen, die uns schaden, sind alle Kaufleute und Fremde; einer ist aus Ormuz, ein anderer stammt aus Aden, wieder andere kommen aus anderen Gegenden. Sie sind sehr geschäftstüchtig und treiben ihr ganzes Leben Handel. Sie fügen Eurem Handel Schaden zu und sollten alle in die Luft gejagt werden.[4]

Das Problem lag darin, dass die Muslime den Markt mit ihren Stoffen überschwemmten, die sie von Kilwa und anderen Städten mit kleinen Schiffen nach Sofala transportierten. Es handelte sich um „bunte Baumwollstoffe, auch weiße und blaue, einige aus Seide“ sowie viele graue, purpurne und gelbe Glasperlen, wofür die Bewohner des Landesinneren die muslimischen Kaufleute mit Gold bezahlten, sodass diese traumhafte Gewinne einstreichen konnten. Die Portugiesen hatten vor allem deswegen so große Probleme, weil die afrikanischen Bewohner von Sofala kein Interesse an ihren Waren zeigten, sondern diejenigen aus Indien bevorzugten. Darum gestaltete sich der Handel mit dem Edelmetall enttäuschend, und die Portugiesen in Sofala fanden bald heraus, dass das meiste Gold nicht mehr hier, sondern weiter nördlich beim *Mwene Mutapa* zu finden war, „der der Oberkönig und Herr des ganzen Landes ist“[5]. Haupthandelspartner von Sofala blieb das in unmittelbarer Nachbarschaft liegende kleinere Reich Kiteve, über dessen gleichnamigen Herrscher wir gut informiert sind, weil der katholische Missionar João dos Santos elf Jahre in Sofala verbrachte und einen ausführlichen Bericht verfasste.

Dos Santos betonte den heidnischen Charakter des *Kiteve* und die spirituellen Kräfte, die ihm wie allen *Chiefs* zugeschrieben wurden, denn er „hielt sich für den Gott all seiner Länder und wird auch von seinen Untertanen als solcher angesehen und verehrt“[6]. Die Gesellschaft der Karanga, die in den Reichen zwischen Limpopo und Sambesi lebten, war durch Ungleichheit gekennzeichnet. Dem Herrscher kam eine besondere spirituelle Begabung zu, die ihn vor allen anderen Menschen auszeichnete und die dem Erbcharisma oder „Königsheil“ des europäischen Frühmittelalters vergleichbar ist. Vor allem verfügten die *Chiefs* durch ihre Ahnen über einen privilegierten Zugang zu den Mächten des Jenseits.

Der *Kiteve* umgab sich mit einer Garde von 200–300 Männern, die gleichzeitig als Scharfrichter fungierten und als sehr brutal galten.

> Der König hat eine andere Gruppe von Kaffirn, die *marombes* genannt werden, was dasselbe heißt wie Hofnarr. Diese gehen ständig in den königlichen Anlagen herum und singen und rufen mit ihren sehr rauhen Stimmen viele Gesänge und Gedichte, die den König preisen [...] Wenn der König ausgeht, ist er umgeben und umschwärmt von diesen *marombes*, die mit lauten Schreien Preisrufe ausstoßen, begleitet vom Klang kleiner Trommeln, Eisen und Glocken, die ihnen helfen, einen noch lauteren Lärm und Geschrei zu erzeugen.[7]

Daneben gab es eine dritte Gruppe professioneller Tänzer und Musiker, „die keine andere Tätigkeit kennen als im ersten Raum des königlichen Palastes, an der Außentür und um seine Gemächer herum zu sitzen, wobei sie viele verschiedene Musikinstrumente spielen und eine große Zahl verschiedener Lieder und Lobgesänge zum Ruhm des Königs in sehr hohen und sonoren Stimmen singen“.

Gegen eine jährlich zu erstattende Abgabe gewährte der *Kiteve* den Portugiesen freie Passage durch sein Reich. Um den Tribut einzutreiben, sandte er jedes Jahr eine Delegation nach Sofala, wobei deren feierlicher Einzug den Machtanspruch des afrikanischen Herrschers unterstrich:

> Er entsendet zu diesem Zweck vier Botschafter, die die Kaffirn als *mutumes* bezeichnen. Einer von ihnen repräsentiert die Person des Königs während dieser Reise, und nur während dieser Zeit erweisen ihm die Kaffirn denselben Respekt und Reverenz. Der zweite *mutume* wird als Mund des Königs bezeichnet, da es seine Aufgabe ist zu sprechen und des Königs Botschaft zu überbringen. Der dritte ist des Königs Auge, denn er soll alles beobachten, was während der Reise und dem Empfang stattfindet, Gutes wie Schlechtes, um es dem König nach seiner Rückkehr an den Hof zu erzählen, aber auch um zu sehen, wie viel und welche Art von Stoffgewebe ihm ausgehändigt wird. Der vierte *mutume* wird als Ohr des Königs bezeichnet, da er hören soll, was während des Empfangs gesagt wird sowohl vonseiten der königlichen Delegation als auch auf Seiten des Hauptmanns von Sofala, und ebenfalls um zu beobachten, ob die Emissäre der ihnen aufgetragenen Botschaft etwas hinzufügen oder etwas davon weglassen.[8]

Diese vier Botschafter waren Adlige und zuweilen sogar die Söhne des Königs, die zusätzlich zum Tribut an den Herrscher ihrerseits Geschenke des Hauptmanns von Sofala erhielten. Sie wurden begleitet von mehr als 100 weiteren Männern, die nicht nur ihre Eskorte bildeten, sondern auch als Träger für die Geschenke dienten. Kurz bevor sie Sofala erreichten, verständigten sie den Hauptmann von ihrer Ankunft, der daraufhin für einen Empfang durch den muslimischen Scheich von Sofala sorgte, offensichtlich um einer älteren Tradition Genüge zu tun. Auch der Empfang durch den Hauptmann war genau geregelt:

> Zuerst kommen die Trommler und andere Instrumentalisten gemeinsam mit einer Reihe von Tänzern, deren Köpfe mit Hahnenschwanzfedern geschmückt sind und die alle, während sie marschieren, singen und spielen, wobei sie die Umgebung mit ihren harten und missklingenden Stimmen betäuben. Nach ihnen kommen die anderen Kaffirs in einer langen Reihe, gefolgt von den vier *mutumes* in ihrer angemessenen Anordnung, nämlich derjenige, der den König repräsentiert, geht als letzter gemeinsam mit dem maurischen Scheich an seiner Seite und auf diese Weise betreten sie Sofala in guter Ordnung.

Der Hauptmann empfing die Delegation im Beisein aller Portugiesen in der Eingangshalle des Forts und sorgte dann für ihre Unterbringung im etwas abseits gelegenen Dorf der Muslime.[9] Nach der feierlichen Begrüßung begann der Austausch von Geschenken und Handelswaren.

Doch gegen Ende des 16. Jahrhunderts war vom ganzen Warenumschlag in Sofala nur noch ein geringfügiger Elfenbeinhandel übriggeblieben.[10] Bereits 1530 hatten die Portugiesen den Sitz ihres Hauptmanns in die weiter nördliche gelegene Stadt und Festung Mosambik verlagert, was ebenso im versiegenden Goldhandel wie in der malariaverseuchten Lage Sofalas begründet war. Nach Ausschaltung der Muslime nutzten sie deren Handelsniederlassungen wie Tete und Sena, die in der breiten Ebene des Sambesi-Unterlaufs lagen und damit in unmittelbarer Nachbarschaft zum dichter besiedelten Hochplateau, von wo das Gold kam, nämlich aus dem *Mwene Mutapa*-Reich.

Leben im Reich des Mwene Mutapa

Die Bewohner des *Mwene Mutapa*-Reichs wurden ebenso wie diejenigen Kiteves als Karanga bezeichnet, seit dem 19. Jahrhundert setzte sich dann der neue Name *Shona* für sie durch. Karanga bedeutete soviel wie die „Ehefrauen“, womit das Autoritätsverhältnis des *Mwene Mutapa* ausgedrückt werden sollte, der als Patriarch mit seinem Volk „verheiratet“ war; es gab aber zahlreiche karangasprachige *Chiefdoms*, wie z. B. Kiteve, die nicht zum *Mwene Mutapa*-Reich gehörten. Abgesehen von der Sprache teilten die Karanga weitere kulturelle Gemeinsamkeiten. Ihre gemischte Wirtschaftsform aus Anbau und Viehzucht war verhältnismäßig krisensicher in einem Land, das häufig von Dürren heimgesucht wurde.

Angebaut wurden verschiedene Hirsesorten, Bohnen, Gurken, Maniok und Baumwolle. In anderen Regionen kamen Erdnüsse und aus Asien stammende Pflanzen hinzu, wie die Kochbanane, Zuckerrohr und Reis. Im 17. Jahrhundert wurde erstmals der Tabakanbau eingeführt sowie andere aus Amerika importierte Pflanzen. Von diesen war der Mais zunächst der afrikanischen Oberschicht vorbehalten, bevor er sich allmählich als Grundnahrungsmittel durchsetzte. Dies zeigt, dass die Landwirtschaft der Karanga keineswegs in Traditionen erstarrt, sondern im Gegenteil sehr innovationsoffen war. Immer wieder wurden neue Pflanzensorten oder andere Varietäten der bereits bekannten ausprobiert.

In der Regel hatte jeder Erwachsene ein eigenes Rundhaus und die Kinder ein gemeinsames, dazu kamen eine Kochhütte und die Getreidespeicher, sodass eine ganze Ansammlung von Gebäuden ein Gehöft bildeten, das von einer Familie bewohnt wurde. Diese Heimstätten lagen sehr verstreut, wurden aber dennoch als gemeinsame Siedlungseinheit, *mana* (Dorf), wahrgenommen, die bis zu 2000–3000 Einwohner haben konnten. Die Zerstreuung hatte damit zu tun, dass es keine Reittiere im Karangaland gab, die Menschen also darauf angewiesen waren, möglichst nah an ihren Feldern zu wohnen.

Während die Frauen die Hauptlast der Feldarbeit trugen, war alles, was mit dem Vieh zu tun hatte, Männerangelegenheit. Rinder wurden weniger nach ihrem Wert als Fleischlieferanten bewertet, sondern sie spendeten mit der Milch, die im ganzen südlichen Afrika als Sauermilch genossen wurde, eines der wichtigsten Grundnahrungsmittel. Darüber hinaus kam Rindern eine große soziale Bedeutung zu. Während der Bodenbau wegen der Arbeitsintensität nur begrenzt expansionsfähig war, ließ sich Rinderbesitz akkumulieren und förderte damit Tendenzen zur sozialen Ungleichheit. Tatsächlich besaßen die *Chiefs* wesentlich mehr Rinder als die einfachen Bauern. Auf dem Besitz von Rindern gründete der soziale Status, und Rinder waren die Kompensation, die bei Eheschließungen an die Familie der Braut gezahlt wurden, weil mit den Rindern die Heirat als ein Bündnis zweier Familien besiegelt wurde. Die Bedeutung der Rinder schlug sich selbst in der Haartracht der Karanga nieder:

> Alle tragen ihr Haar in der Form von Hörnern zum Zweck des Schmuckes. Sie machen sich lustig über einen Mann, der keine Hörner trägt, indem sie sagen, er sei wie eine Frau, denn ein Mann als das männliche Wesen sollte Hörner haben, wobei sie sich so mit den wilden Tieren vergleichen, bei denen das Weibchen keine Hörner hat.[11]

Während schon die Unterhäuptlinge, die für Distrikte zuständig waren, durch Reichtum und religiöse Funktionen über die restliche Bevölkerung erhaben waren, so galt dies erst recht für die nächsthöhere Hierarchie-Ebene der *Chiefs*. Ein *Chief* residierte in einem *Simbabwe*, einer mit Steinmauern umfassten Wohnanlage, wodurch er seine höhere Stellung gegenüber der einfachen Bevölkerung zum Ausdruck brachte. Während in den untergeordneten Siedlungen kleinere Rechtsangelegenheiten verhandelt wurden, standen nur dem *Chief* die größeren strafrechtlichen Verfahren zu. Die übliche Form der Bestrafung bestand in materieller Kompensation, und nur in Ausnahmefällen konnte der *Chief* die Todesstrafe verhängen. Er verfügte über keine Mittel, um seine Entscheidungen gegen den Willen der Bevölkerung durchzusetzen. Wir finden darum auch innerhalb der kleinen Reiche ein Prinzip der Reziprozität, der wechselseitigen Verpflichtungen, wovon der *Chief* deutlich stärker profitierte.

Im Karanga-Gebiet gab es zahlreiche *Chiefdoms*, die zueinander in komplizierten Verhältnissen der Abhängigkeit und Verpflichtung standen. Großreiche, in denen einer der *Chiefs* die Oberherrschaft über seine Nachbarn errichtet hatte, wie dasjenige von *Great Zimbabwe* oder das des *Mwene Mutapa*, blieben eher die Ausnahme. In diesen großen Reichen war die Stellung der einzelnen *Chiefs* gegenüber dem *Mutapa* von individuellen Machtbalancen abhängig, sodass es sich um ein Konglomerat unterschiedlichster Herrschaftseinheiten mit abgestuften Abhängigkeitsverhältnissen handelte.

Die *Chiefs* behielten ihre Machtstellung, auch wenn sie formal dem Reich eingegliedert waren. Sie wurden nach lokal geltenden Regeln in ihr Amt berufen und vom *Mutapa* darin bestätigt und gewissermaßen investiert, womit eine doppelte Legitimation hergestellt war. Viele *Chiefs* betrieben eine eigenständige Politik, was bis hin zu offenen Empörungen gegen den *Mutapa* reichen konnte. Selbst wenn sie loyal blieben, waren sie die wichtigsten Machtträger im *Mutapa*-Reich, auf die der Herrscher Rücksicht nehmen musste. Dem Aufbau von Loyalitäten diente auch die Heiratspolitik des *Mutapa*, der meist in polygamer Ehe mit zahlreichen Frauen lebte, die aus den Familien der *Chiefs* stammten.

Herrscher der verwüsteten Länder

Die Portugiesen wussten schon zu Beginn des 15. Jahrhunderts, dass das mächtigste Reich im Landesinneren das des *Mwene Mutapa* war, den sie *Benametapa* oder *Monomotapa* nannten. Der Titel *Mwene Mutapa* wird auf den Sohn eines mythischen Gründerheros zurückgeführt, der sich *Muanamotapua* nannte, was vermutlich soviel hieß wie „Herrscher der verwüsteten Länder“, „der Plünderer“ oder einfach „der Herrscher“, ein typischer Prunkname, der gleichzeitig seine Macht zum Ausdruck bringen sollte und die kriegerische Gewalt, mit der er Schrecken über seine Feinde brachte.

Dos Santos unterschied zwischen einem Königreich des *Mwene Mutapa* in seiner eigenen Gegenwart am Ende des 16. Jahrhunderts und einem vergangenen Imperium, das viel größer gewesen sein soll. Denn früher wären die küstennahen, kleineren Reiche von Kiteve, Sedanda und Tshikanga Bestandteile dieses großen Imperiums gewesen, bis einer der *Mwene Mutapas* sie an seine Söhne verteilt und ihnen weitgehend Unabhängigkeit gewährt hätte. Seitdem sei das Reich des *Mwene Mutapas* ein Inlandsreich, das nur einen schmalen Zugang zum Meer hatte.[12] Das Hochplateau war nicht zuletzt wegen der Bedeutung der Rinderhaltung für lange Zeit das Kernland. Dennoch schloss es auch Bevölkerungsgruppen ein, die nicht zu den Karanga zählten. Erst im späten 17. Jahrhundert verlagerten die *Mutapa* den Schwerpunkt ihrer schwindenden Macht in das Sambesital.

Der *Mutapa* lebte in einem *Simbabwe*, das ihn von der Bevölkerung absonderte. Mit der allmählichen Verlagerung des

Herrschaftsmittelpunkts in die steinlose Sambesi-Ebene ging man dazu über, nach dem Vorbild der Portugiesen Holzpalisaden um den Herrschersitz zu errichten, die auch der Verteidigung dienten, da im 17. Jahrhundert die Auseinandersetzungen um die Herrschernachfolge besonders lange und militärisch aufwendig geführt wurden.

Die fehlende Verbindlichkeit der Nachfolgeregelung war eine strukturelle Schwachstelle der Karanga-*Chiefdoms*, weshalb es hier wie in den anderen kleineren Reichen fast immer zu Nachfolgekämpfen nach dem Tod eines Herrschers kam. Weil die *Chiefs* oft zahlreiche Frauen hatten, war auch die Zahl ihrer möglichen Nachfolger entsprechend groß. Dies war die Zeit, in der das Reich am schwächsten und Eingriffen von außen am meisten ausgeliefert war. Die Portugiesen nutzten dies regelmäßig aus, sodass sich die Machtbalance im 17. Jahrhundert deutlich zu ihren Gunsten verschob.

Wenn ein neuer Herrscher sich erfolgreich im Zentrum des Reichs durchgesetzt hatte, war seine nächste Aufgabe, sich der Loyalität der *Chiefs* und der Bevölkerung auch in den entlegeneren Gebieten zu versichern. Dies geschah durch eine einleuchtende Symbolik, da die gesamte Bevölkerung ihre Feuer löschte, um sie dann vom Feuer des *Mutapa* erneut zu entzünden. Dieses Feuer wurde von Abgesandten in die Dörfer getragen und auf diese Weise konnten sie bezeugen, dass alle der Aufforderung nachkamen.

Wenn jemand sein Feuer nicht auslöschte, galt dies als offene Rebellion, während die Annahme einer Gehorsamsbekundung gleichkam. Da die *Chiefs* zu dieser Zeit am Herrschersitz weilten, um die Bestattung des Vorgängers zu vollziehen, mussten sie in einem Unterwerfungsritual ihre Loyalität zum neuen Herren bekunden, der sie in seinem Palast erwartete, wobei jeweils nur einige wenige zugelassen wurden:

> Sie kriechen über den Boden bis in die Mitte des Raumes und dann sprechen sie den neuen König an, schwören ihm ihre Gefolgschaftstreue, ohne den König oder seine Frauen zu sehen zu bekommen, da sie sich hinter einem Vorhang befinden.[13]

Der Palast des *Mutapa* selbst war dreigeteilt, mit einem Bereich für den Herrscher, einem für seine Frau und einem dritten für die Dienerschaft. Mit der Frau war die Hauptfrau, die *Mazarira*, gemeint, da die meisten seiner Frauen mit ihrer eigenen Hofhaltung in anderen Landesteilen wohnten, wo sie Herrscherfunktionen wahrnahmen. Die *Mazarira* war die Ansprechpartnerin der Portugiesen, weswegen sie als „Mutter der Portugiesen" galt und von diesen mit Geschenken bei guter Laune gehalten wurde.[14]

Die Erhöhung des Herrschers und der Oberschicht ging über verbale Respektbekundungen hinaus, etwa in der Stilisierung der Kleidung. Die Elite, vor allem die Herrscher selbst, schritten in feinsten, importierten Stoffen, in indische Baumwollstoffe oder in Seide gekleidet einher, wobei diese Stoffe von afrikanischen Schneidern oft noch weiter verarbeitet wurden, indem sie verschiedene Stoffbahnen zusammennähten und mit Stickereien verzierten. Später benutzten die *Mutapas* nur noch einheimische Baumwollstoffe, die mittlerweile von so hoher Qualität waren, dass sie sogar die Seide als begehrtesten Stoff verdrängten. Ein portugiesischer Autor beschrieb den Ornat des Herrschers um 1518, zur Zeit der größten Machtentfaltung des *Mutapa*-Reichs:

> Sie sind schwarze Männer, die nackt einherschreiten und von der Hüfte abwärts gefärbte Baumwollstoffe tragen, und einige bedecken sich mit Tierfellen, wobei die Felle, die sie

> tragen, diejenigen von wilden Tieren sind, und die führenden Leute tragen diese Felle so, dass sie auf dem Boden wie Schwänze hinter ihnen herschleifen, um Größe und Ritterlichkeit zu zeigen, wobei sie Schritte und Gesten vollführen, sodass diese Schwänze von einer Seite auf die andere schlagen. [...] [Sie] tragen Schwerter in hölzernen Scheiden, mit Gold oder anderem Metall verziert. Sie tragen sie links, so wie wir auch, an Gürteln aus buntem Stoff. . [...] Sie sind sehr kriegerisch und einige von ihnen sind große Kaufleute. Ihre Frauen gehen nackt einher, solange sie unverheiratet sind, sie bedecken nur ihre Scham mit Baumwollstoff, und wenn sie verheiratet sind, bedecken sie auch ihre Brüste mit Stoff.[15]

Ein anderer Portugiese wusste über den Schmuck der Frauen, vermutlich derjenigen am Hof des *Mutapa*, zu berichten: „Die Frauen tragen viele kupferne Ringe an Armen und Beinen, die sehr fein gearbeitet sind und dasselbe machen sie auch aus Gold, das extrem fein gezogen wird, und aus diesem Draht stellen sie diese Ringe her." Etwa hundert Jahre später beschrieb ein Portugiese die Kleidung eines Königs wie folgt:

> Die Kleidung des Königs und seiner Fürsten ist ein feiner Baumwoll- oder Seidenstoff, der von der Hüfte bis zu den Knöcheln reicht und ein anderes viel größeres Tuch aus denselben Baumwollstoffen, die die Kaffern weben und die sie *machiras* nennen, oder aus Seide, das über die Schultern geworfen wird wie ein Mantel, womit sie sich bedecken und verhüllen, wobei sie immer auf der linken Seite ein Ende des Tuches so lange herabhängen lassen, dass es über den Boden schleift und je mehr davon nachschleift, desto größer ist ihre Majestät und Würde. Der Rest ihres Körpers ist nackt und alle, sogar der König, gehen barfuß.[16]

Gerade Letzteres widersprach europäischen Vorstellungen von Vornehmheit und war dem Chronisten eine Erwähnung wert.

Die Portugiesen berichten von der Seklusion des Herrschers und seiner ritualisierten Überhöhung. „Er erhält jeden Tag große Geschenke, die die anderen Fürsten und Herren ihm schicken, jeder in einer festgesetzten Menge, und sie tragen sie barhäuptig durch die Stadt bis sie ein sehr hohes Haus erreichen, in dem der König stets wohnt. Er sieht sie von einem Fenster, aber sie sehen ihn nicht, sondern hören nur seine Worte.“ [17]

Alle Höflinge überhäuften den Herrscher ständig mit Respektsbekundungen und Herrscherlob, indem sie jedes Husten und Räuspern nachahmten oder ihn bei diesem Anlass priesen und in die Hände klatschten. Dieses Verhalten war keine Kriecherei, sondern hatte mit den besonders wirksamen spirituellen Kräften des *Mutapa* zu tun. Freilich wurde dies nur bei offiziellen Anlässen so gehandhabt, keineswegs im Alltagsleben oder wenn der Herrscher mit großem Gefolge auf die Jagd ging, wo permanentes Gejubel dem Jagderfolg eher abträglich gewesen wäre.

Die zentrale spirituelle und machtpolitische Bedeutung des *Mutapa* für die Kollektividentität der Karanga manifestierte sich im wichtigsten Fest, das immer zum Neumond im Mai stattfand und woran alle *Chiefs* des Landes teilnahmen:

> Alle großen Herren erscheinen in großer Zahl am Hof und täuschen den ganzen Tag lang Kämpfe mit ihren Speeren in der Hand vor. Dann zieht sich der König zurück und niemand sieht ihn während acht Tagen, während welcher Zeit die Trommeln Tag und Nacht geschlagen werden. Am letzten Tag befiehlt der *Monomotapa*, dass ein Adliger, dem er seine Gnade entzogen hat, getötet werde. Auf diese Weise bringt er seinen Ahnen ein Opfer dar, woraufhin die Trommeln verstummen und ein jeder kehrt nach Hause zurück.[18]

Die Portugiesen an des Mutapas Hof

Erst 1541 ist die erste dauerhafte portugiesische Präsenz in Form einer Siedlung im *Mutapa*-Reich überliefert. Seit dieser Zeit versuchten die *Mutapas*, offizielle Vertreter der Portugiesen an ihren Hof zu ziehen, aber erst ab den 1570er-Jahren wurde deren Präsenz zu einer dauerhaften, als ein portugiesischer Offizier den Titel eines „Hauptmanns der Tore“ erhielt. Der *Mutapa* verlieh ihm als Insignium seines Amts einen etwa einen Meter langen Speer aus schwarzem Holz mit einer langen goldenen Spitze sowie eine goldene Kette. Der Hauptmann musste dem *Mutapa* bei Antritt seiner jeweils dreijährigen Amtszeit Geschenke im Wert von 3000 Cruzados überreichen. Mit dieser hohen Summe wurde Sicherheit erkauft, denn „bis in die heutige Zeit ist es nie vorgekommen, dass Kaffir-Diebe Portugiesen unterwegs angegriffen oder beraubt hätten, außer auf Anordnung des *Monomotapa* selbst, wobei er manchmal solche Befehle gab, um Unrechtmäßigkeiten zu rächen“[19].

Wenn Ausländer an den Hof des *Mutapa* kamen, mussten sie sich den höfischen Ritualen unterwerfen, indem sie „unbewaffnet, barfuß, auf den Knien“ sich zu ihm hinbewegten, um sich dann vor ihm auf den Boden zu werfen.[20] Der *Mutapa* durfte nicht direkt angesprochen werden, sondern der Besucher hatte sich an den niedrigsten Beamten zu wenden und bei jedem Wort in die Hände zu klatschen. Der angesprochene Amtsträger gab die Nachricht an den nächsthöheren weiter bis schließlich der höchste Beamte sie dem *Mutapa* übermittelte. Die Antwort wurde auf umgekehrtem Weg erteilt.

Erst Kommandant Francisco Barreto konnte eine Reihe von Privilegien für sich erreichen, denn bei seinem Besuch behielten er und die Seinen ihre Schuhe an und er saß in Gegenwart des *Mutapa* auf einem Stuhl.[21] Dem waren umfangreiche

Die Hofämter

Das *Mutapa*-Reich kannte keine Bürokratie in dem Sinn, dass es ein klares Selbstverständnis der Amtsträger als einer geschlossenen Gruppe gegeben hätte, aber es gab zahlreiche höfische Ämter. Man kann die Hofämter einteilen in diejenigen, die mit Machtausübung verbunden waren und die im *Dare*, dem königlichen Rat, vertreten waren, und andererseits in die untergeordneten Hofämter. Die Amtsträger wurden jeweils von einem neuen *Mutapa* bei seinem Regierungsantritt ausgewählt, gehörten aber gewöhnlich den führenden Familien an, innerhalb derer das Amt weitergegeben wurde.

Es gab den *Inhantovo*, den Obermusiker, der *Nurucao* befehligte die Vorhut, offenbar eine Art Palastgarde. *Bucurumo* war die Bezeichnung für einen Beamten, der als „rechte Hand" des Königs galt. *Magande* war der wichtigste „Zauberer", also der Heilkundige, und der *Netambe* war der „Apotheker", der Kräuterexperte.

Gespräche mithilfe von Botschaftern vorangegangen, um die genauen Modalitäten der zeremoniellen Begegnung und die dabei ausgetauschten Geschenke auszuhandeln.[22] Von den Portugiesen wurde erwartet, dass sie Gesandte, die zu ihnen an die Küste kamen, entsprechend ihrem höfischen Status empfingen, ebenso wie auch die *Mutapas* genau den Rang portugiesischer Emissäre beachteten. Die Portugiesen konnten sich so rasch in diese Form der Etikette einfinden und hatten mit wenig Verständnisschwierigkeiten zu kämpfen, weil sie selbst einer ähnlich strukturierten Gesellschaft entstammten. Sie mussten nur die kulturellen Symbole als Zeichen sozialer Statusunterschiede lesen lernen, um sich innerhalb dieser Ordnung mühelos bewegen zu können.

Dennoch versuchten die Portugiesen im 16. Jahrhundert, das *Mutapa*-Reich zu unterwerfen, zuerst mit Hilfe der christlichen Mission, anschließend über einen militärischen Angriff. Bei der Missionierung gingen sie von der Überlegung aus, dass die Bekehrung beim Herrscher selbst zu beginnen habe, da nur auf diese Weise mit raschen Erfolgen zu rechnen sei. Aufgrund der heftigen Rivalität der Jesuiten und der Dominikaner war die Missionstätigkeit von Unbeständigkeit gekennzeichnet und nur begrenzt erfolgreich. Der Jesuit Monclaro, der sich stets die größte Mühe gab, die Karanga als primitive Wilde darzustellen, hatte erhebliche Zweifel an ihrer Bekehrbarkeit:

> Diese Leute sind sehr ungeeignet für die Taufe, und selbst diejenigen, die unter uns aufwachsen und zu Christen wurden, verlassen uns immer wieder und kehren zu ihren eigenen Leuten zurück, da sie ihre eigenen Bräuche sehr schätzen; und, wie ich sagte, sie werden leicht zu Christen und verlassen das Christentum genauso leicht wieder, weil sie nicht seine Bedeutung verstehen.[23]

Ein Fall, der besonders Furore machte, war derjenige des Jesuitenmissionars Gonçalo da Silveira, der in den 1560er-Jahren das Vertrauen eines jungen *Mutapa* erwarb und ihn zum Christentum bekehrte. Als da Silveira sich 1561 am Hof des *Mutapa* niederließ und in die Regierungsgeschäfte eingriff, schlugen die Gegner der Christen zurück. Hohe Hofbeamte, die ihre Stellung durch da Silveiras Interventionen bedroht sahen, verbündeten sich mit traditionellen religiösen Autoritäten und überzeugten den *Mutapa* davon, dass da Silveira die Grundlage seiner Herrschaft untergrabe. Die portugiesischen Chronisten freilich schoben die Schuld den „Mauren", also den Muslimen zu, die den jungen *Mutapa* gegen den Pater aufgehetzt hätten. Dem widerspricht jedoch der Bericht vom Tod da Silveiras, der Kennzeichen eines Hexenprozesses aufwies, da die Würdenträger den Pater des Schadenszaubers bezichtigten und ihn mit einem Strick erdrosselten. Die Leiche wurde nicht beerdigt, sondern in einen Fluss geworfen, denn seine Berater hatten den König davon überzeugt, dass „das Gift dieses Mannes ausreichte, um sie alle zu verseuchen“[24]. Auch spätere Missionierungsversuche waren wenig erfolgreich.

Die Karanga glaubten laut der Quellen zwar an einen monotheistischen Gott, aber es gab keinerlei Kultstätte oder auch nur Gebete zu ihm. Einem portugiesischen Chronisten zufolge hatten die Karanga nur einen Gott und glaubten, dass ihre Könige in den Himmel kamen. An diese königlichen Ahnen wandten sie sich in Notzeiten „wie wir an die Heiligen“.[25]

Der Geist eines verstorbenen Herrschers inkarnierte sich in Löwen und ergriff von Zeit zu Zeit von einem menschlichen Medium Besitz. Wenn dies geschah, so wand sich dieser

> am Boden, verkrümmt, entstellt und außer Sinnen. Während er in diesem Zustand ist, spricht der Teufel aus seinem Mund in allen fremden Sprachen anderer Kaffir-Nationen, die von vielen Anwesenden verstanden werden. Außerdem beginnt er zu husten und spricht wie der verstorbene König, den er darstellt, und zwar in einer solchen Weise, dass er es selbst zu sein scheint, sowohl von der Stimme als auch den Bewegungen her, woran die Kaffirn erkennen, dass die Seele des toten Königs zurückgekommen ist, wie sie es erwartet haben.[26]

Der Kontakt des Herrschers zu seinem Volk riss also nie ab, denn er sprach mit der Autorität des königlichen Ahnen zu seinen Nachfolgern und ließ ihnen Rat zuteil werden. Die Geistmedien waren eine kulturelle Besonderheit der Karanga, ja sie sind offenbar erst durch das *Mutapa*-Reich in Erscheinung getreten.

Gier nach Gold

Die Portugiesen beobachteten neidvoll den spektakulären Erfolg der spanischen Konquistadoren in Süd- und Mittelamerika, die innerhalb kurzer Zeit mit wenigen Soldaten riesige Reiche unterworfen hatten. Sie wollten sich ebenfalls im Handstreich der Goldproduktion bemächtigen, statt sich mit dem mühsamen und zeitraubenden Handel abzuplagen. Ihre Gier wurde durch Berichte über den fantastischen Goldreichtum des Landes geschürt, wo das Gold angeblich nicht nur „zwischen den Steinen“ gefunden wurde, sondern „innerhalb der Rinde verschiedener Bäume“ wachse, „bis hinauf, wo die Zweige beginnen“. Was lag näher als den Spaniern nachzueifern und das Land der Karanga militärisch zu erobern? Der Vizekönig, der im fernen Goa an der Westküste Indiens residierte, sandte eine Armee von 2000 gut bewaffneten Portugiesen nach Afrika. Sie stand unter dem Befehl des erfahrenen Francisco Barreto, dem der portugiesische König etwas voreilig den pompösen Titel eines „Eroberers der Minen“ verlieh.[27]

Im Gegensatz zu den portugiesischen Berufssoldaten bestand die Streitmacht des *Mutapa* aus Bauernkriegern, er hatte kein stehendes Heer. Darum konnte er nur nach der Erntezeit, wenn die Kämpfer verfügbar und die Speicher voll waren, Krieg führen. Die Armee musste sich vom Land ernähren, es gab keine aufwendige Logistik mit eigenen Versorgungseinheiten, was der fehlenden Transportmittel wegen kaum möglich gewesen wäre. Die Lebensmittel, die man benötigte, wurden von der Bevölkerung requiriert. Kriege blieben darum eher begrenzte Aktionen, die man möglichst schnell hinter sich brachte, denn langdauernde Konflikte bedrohten Soldaten wie Bevölkerung gleichermaßen mit dem Hungertod. Die Karanga waren ihren Gegnern in der Bewaffnung unterlegen, da diese über

Schusswaffen einschließlich Kanonen verfügten. Allerdings war dieser Vorteil ein relativer, da die Feuerkraft dieser Gewehre beschränkt war und sie bei Regenwetter oft ganz ausfielen.

Bei den Karanga befehligte jeder *Chief* eine Einheit, die aus den männlichen Bewohnern seines *Chiefdoms* bestand. Folglich waren diese Einheiten unterschiedlich groß und alle dem obersten Militärführer des *Mutapa* unterstellt, soweit der Herrscher nicht selbst die Leitung des Kriegszugs übernahm. Die portugiesischen Chronisten berichteten mit Hochachtung von der Kampfesweise der Karanga, die ihren eigenen ritterlichen Idealen nahekam:

> Sie kämpfen auf offenem Feld und nicht im Verborgenen oder aus dem Hinterhalt, und sie greifen nicht während der Nacht an, sondern nach der Morgendämmerung. Sie benutzen Bögen und Pfeile und einige haben Speere. Die meisten von ihnen tragen Dolche von zwei Spannen Länge mit hölzernen Scheiden in ihren Gürteln. Sie tragen auch ein *simbo*, ein kurzes Stück Holz mit einem Knoten am Ende, und dies ist die letzte Waffe, die in der Schlacht zum Einsatz kommt. Sie haben ihre Fahnen und Standarten mit verschiedenen Darstellungen von Ochsen, Elefanten und anderen Tieren, wobei alle Figuren aus Stroh hergestellt und mit Stoff bespannt sind, und an diesen Standarten erkennen sie ihre verschiedenen Hauptleute und Herren mit ihren Leuten.[28]

Eine Gruppe von Musikern feuerten die Kämpfer mit Schlachtgesängen an, die auf verschiedenen Instrumenten begleitet wurden, vor allem auf den weithin hörbaren Trommeln. Der Feldherr führte die Kriegstrommel des *Mutapa* mit sich, die sich durch ihren Klang deutlich von den übrigen unterschied und den Kämpfern die Orientierung erleichterte, weil sie stets wussten, wo sich ihr Anführer gerade aufhielt.

Goldgewinnung

Gold wurde in Flusstälern gewaschen oder im Bergbau gewonnen.[29] Das Goldwaschen war eine weitverbreitete Beschäftigung insbesondere in der Trockenzeit, wenn die landwirtschaftlichen Tätigkeiten weniger Arbeitskraft erforderten. Dabei wurde der Flussschlamm ausgesiebt und das darin gefundene Gold gesammelt und verkauft oder zu Schmuckgegenständen verarbeitet.

Der Goldbergbau war eine hochriskante und gefährliche Arbeit. Man grub Stollen waagerecht in einen Berg hinein oder täufte einen Schacht ab. Das Erz wurde mit Hämmern und Pickeln gewonnen und zerkleinert, das Gold herausgelöst oder herausgeschmolzen. Weil Stollen und Schächte oft einstürzten, stellten die Menschen den Goldabbau ein, wenn sie genug hatten, um Gegenstände des persönlichen Bedarfs zu kaufen, vor allem Kleidung, da die Winter auf dem Hochplateau sehr kalt wurden.

Von Sofala kommend, kämpfte Barreto zunächst gegen Kiteve, weil es den Weg zu den Goldminen blockierte. Nach dem Sieg zog er weiter nach Norden, wo er kurz darauf verschied, woraufhin Vasco Fernandes Homem das Kommando übernahm und in das Reich Manyika weitermarschierte. Dort erwartete die Truppe eine enttäuschende Entdeckung: „Als die Portugiesen erstmals im Land des Goldes eintrafen, dachten sie, sie könnten sofort Säcke mit dem Gold füllen und mit so viel davon, wie sie wollten, wieder abziehen. Aber nachdem sie ein paar Tage in der Nähe der Minen verbracht hatten und die Schwierigkeiten und Mühsal der Kaffirs gesehen hatten, mit wieviel Risiko und unter welcher Lebensgefahr diese es aus dem Innern der Erde hervorholten und

Goldbergbau war anstrengend und gefährlich. Die Landbevölkerung organisierte den Bergbau selbst, wobei meist Frauen und Kinder, die sich in den engen Schächten leichter bewegen konnten, unter Tage arbeiteten. Dennoch kam es aufgrund von Ventilationsproblemen und Erdrutschen immer wieder zu Todesfällen.

den Steinen abgewannen, fanden sie ihre Hoffnungen enttäuscht."[30]

Daraufhin zog Homem weiter in das *Chiefdom* Chicova, das nördlich an das *Mwene Mutapa*-Reich angrenzte. Diesmal suchte er nach reichen Silberminen, wobei die Bevölkerung schnell realisierte, dass die Portugiesen durch nichts von ihrem Glauben an Silbervorkommen abzubringen sein würden. Wenn es schon keinen Inka-Schatz zu heben gab, so sollte es wenigstens ein Potosí sein, wie der berühmte Silberberg im heutigen Bolivien heißt, aus dem die Spanier ihre großen Reichtümer gewannen. Die Karanga legten Köder in Form von Erzbrocken aus und ließen die Portugiesen nach Silber suchen, während sie selbst sich aus dem Staub machten.

Homem zog 1576 enttäuscht in Richtung Küste, ließ aber 200 Bewaffnete zurück, die weiter nach Silber schürfen sollten. Die Karanga lockten sie in einen Hinterhalt und töteten alle nach heftigem Kampf, was den Chronisten zu dem Kommentar veranlasste, dass ihr Kampfesmut diejenigen überzeugen müsse, „die behaupten, dass die Kaffirs in Scharen vor einem Gewehr fliehen würden [...], denn hier wurden 200 Männer, die mit ihnen mit aller Tapferkeit kämpften, von ihnen mit Speeren und Pfeilen getötet"[31]. So scheiterte die Expedition trotz der waffentechnischen Überlegenheit nach mehreren Jahren eher kläglich. Das war Anlass für eine allgemeine Erhebung der Afrikaner, die in den 1580er-Jahren die Portugiesen selbst aus den Sambezi-Provinzen des *Mutapa*-Reichs verjagten, über die ihnen der *Mutapa* die Kontrolle zugestanden hatte. Allerdings wendete sich das Blatt bald wieder, da die ortsansässigen Portugiesen mittlerweile die Machtstrukturen gut genug kannten.

Lehen der portugiesischen Krone

Die Einbettung portugiesischer in afrikanische Machtstrukturen wurde durch den mehrdeutigen Charakter der sogenannten *Prazos* erleichtert. Als *Prazos* bezeichnete man Landgüter in der unteren Sambesi-Ebene, die im Namen der portugiesischen Krone an reiche und einflussreiche Händler als Lehen vergeben wurden. So handelte es sich bei den *Prazos* rechtlich gesehen um eine neo-feudale Herrschaft über Land und Menschen, wie sie auf der Iberischen Halbinsel während der Reconquista entwickelt worden war. Faktisch aber waren sie Häuptlingstümer.

Viele dieser ortsansässigen portugiesischen Landbesitzer waren so wenig Europäer wie die Swahili Araber waren, sondern die meisten von ihnen waren in ihrer äußeren Erscheinung Afrikaner, meist „Mischlinge", die sich aufgrund der Erziehung durch ihre afrikanischen Mütter relativ leicht in den Institutionen des *Mutapa*-Reichs zurechtfanden; aus diesem Grund müsste man korrekterweise eigentlich von Afro-Portugiesen sprechen oder besser noch von Luso-Afrikanern. Die Einheirat stärkte die lokale Verwurzelung und die rasche Vermischung der Portugiesen mit der einheimischen Bevölkerung. Aus diesem Grund fand die portugiesische Sprache nur sehr begrenzte Verbreitung und blieb weitgehend auf den Küstenbereich beschränkt. Diese lokale Elite baute Privatarmeen auf und repräsentierte im Sambesi-Tal die portugiesische Macht.

Handel mit den Portugiesen

Da die Portugiesen in erster Linie und vor allem anderen an Gold interessiert waren und sich erst allmählich auch für andere Produkte zu interessieren begannen, waren sie für die Bewohner des Reichs nicht die einzigen Handelspartner. So kam etwa dem regionalen Handel mit Honig und Bienenwachs in Manyika ein nicht unerheblicher wirtschaftlicher Stellenwert zu. Dieser kommerzielle Austausch auf regionaler und lokaler Ebene war aber nie intensiv genug, um eine eigene Händlerschicht oder permanente bzw. regelmäßige Märkte hervorzubringen. Es blieb immer ein eher von der Gelegenheit geprägter, nichtinstitutionalisierter Handel, was auch für die handwerklichen Produkte galt. Selbst regionale Spezialisierungen hatten keine intensivere innergesellschaftliche Differenzierung zur Folge, sondern Handwerker wie Schmiede oder Weber blieben für ihre Ernährungsgrundlage auf die eigene landwirtschaftliche Tätigkeit angewiesen.

Um den Handel unter Kontrolle zu halten und die Gewinne in ihre Kassen zu lenken, mussten die *Mutapas* die Bewegungsfreiheit portugiesischer Händler soweit als möglich einschränken. Zu diesem Zweck richteten sie im späten 16. Jahrhundert an drei festen Orten Messen, *feiras*, ein, die vom portugiesischen Tete am Unterlauf des Sambesi in mehreren Tagesreisen erreicht werden konnten. In Masapa, der am weitesten im Inland gelegenen Ortschaft, residierte „ein portugiesischer Offizier, der im Konsens mit dem Kaiser von *Monomotapa* durch den Kommandanten von Mosambik ernannt wird,“ und im Fall von Streitigkeiten als Schlichter auftrat. In Masapa wurden Häuser erbaut, die als Stapelplätze und Treffpunkte für die Transaktionen dienten. Als ihr Einfluss während des 17. Jahrhunderts zunahm, errichteten die Portugiesen in einigen *feiras* Befestigungen und sogar Kirchen.[32]

Der Niedergang des Mutapa-Reichs

Der erste *Mutapa*, dessen Historizität über jeden Zweifel erhaben ist, war Gatsi Rusere, der zwischen 1597 und 1624 regierte. Durch sein sprunghaftes und unberechenbares Verhalten verprellte er potenzielle Verbündete und hohe Amtsträger, womit er über kurz oder lang sein Reich völlig destabilisierte. Aus diesem Grund war seine lange Regierungszeit von großer Unsicherheit gekennzeichnet. Den *Nehomasha*, den obersten Militärführer, ließ er hinrichten, obwohl dieser erfolgreich Invasoren aus dem Norden abgewehrt hatte, doch Gatsi Rusere warf ihm vor, ihnen nicht nachgesetzt zu haben. Durch diese Hinrichtung in den ersten Jahren des 17. Jahrhunderts brachte er dessen Anhänger gegen sich auf und löste einen Bürgerkrieg aus, der den Portugiesen wie gerufen kam. Um 1607 hatte der *Mutapa* vorübergehend die Kontrolle über das Kernland seines Reichs auf dem Plateau verloren, das von einem Konkurrenten um die *Mutapa*-Würde beherrscht wurde.

Obwohl es ihm zwei Jahre später gelang, das Plateau zurückzuerobern, erreichte er nie wieder die Machtfülle, die er früher besessen hatte. Denn die Portugiesen hatten sich ihre Militärhilfe teuer bezahlen lassen und Gatsi Rusere geriet in die Abhängigkeit von den *Prazo*-Besitzern. Die veränderten Machtverhältnisse kamen darin zum Ausdruck, dass die Portugiesen ihm nach 1609 die Zahlung des bis dahin üblichen Tributs für die erteilte Handelsgenehmigung verweigerten.[33]

Nach Gatsi Ruseres Tod 1624 folgten Nachfolgestreitigkeiten, bis sich der mit den Dominikanern verbündete christliche Konvertit Mavura gegen den Sohn Gatsi Ruseres durchsetzte. Der „Hauptmann der Tore“, der bislang ein Amtsträger und Untergebener des *Mutapa* war, wurde nun de facto sein Vorgesetzter, die Zahl der Portugiesen innerhalb des Reichs erhöhte sich deutlich, insbesondere am Hof des *Mutapa*, sodass er ihnen geradezu ausgeliefert war. Im Jahr 1629 wurde das neue Abhängigkeitsverhältnis vertraglich geregelt, wobei in den ersten Sätzen bereits von der Belehnung des *Mwene Mutapa* durch den König von Portugal die Rede ist und er fortan als dessen Vasall galt. Außerdem wurde in diesem Vertrag ausdrücklich geregelt, dass die Botschafter, die den *Mutapa* aufsuchten, ihre Hüte aufbehalten, ihre Waffen bei sich tragen und auf einem Stuhl sitzen durften, was zeigt, dass man eine gemeinsame Symbolik der Macht gefunden hatte. Überdies musste der *Mwene Mutapa* den Hauptmann von Masapa vor Kriegszügen und Friedensschlüssen konsultieren. Der Hauptmann und alle Portugiesen, die im Land reisten, sollten von der Verpflichtung freigestellt sein, dem *Mutapa* Geschenke machen und Abgaben leisten zu müssen.[34]

Im Jahr 1663 wurde ein neuer *Mutapa* installiert, der in den Traditionen unter dem Namen Mukombwe bekannt ist, dessen genaue Identität aufgrund der verworrenen Quellenlage jedoch umstritten ist. Diesem Mukombwe gelang es in den folgenden Jahren und Jahrzehnten in zäher Kleinarbeit sich einen Teil der Handlungsfreiheit zurückzuerobern, die nach dem Tod von Gatsi Rusere verloren gegangen war. Dabei kam ihm eine Reihe von Seuchen zugute, aufgrund derer die Zahl der Portugiesen in den 1670er- und 1680er-Jahren so drastisch zurückging, dass er Reformen in Angriff nehmen konnte. In den ersten zwanzig Jahren seiner Herrschaft konnte Mukombwe allmählich das Machtgleichgewicht zu seinen Gunsten verschieben, wenn auch keine Überlegenheit mehr herstellen. Seine größte Leistung bestand in der Wiederbesiedlung seines Reichs, denn die Portugiesen hatten dort so übel gehaust, dass ganze Landstriche teilweise oder völlig entvölkert worden waren. Mukombwe zog zahlreiche Neusiedler ins Land und konnte dadurch neue Loyalitäten begründen.

Nach seinem Tod tobten für mehr als zwölf Jahre Nachfolgekriege, weshalb kein *Mutapa* sich länger als ein Jahr halten konnte. Die damit einhergehende Schwäche nutzte einer der Heerführer des Reiches, um die neue Dynastie der Changamire

Rozvi zu gründen und ein eigenes Reich auf dem Hochplateau zu erobern. Die Portugiesen wurden ebenso wie der *Mutapa* auf Dauer von dort verjagt.

Während die Portugiesen ihre Herrschaft an der Küste sichern konnten, war es ihnen nicht gelungen, das soziale und politische Normengefüge der Karanga-Reiche aufzubrechen, was sich nicht zuletzt daran ablesen lässt, dass die christliche Mission nur im unmittelbaren Einflussbereich der Portugiesen Erfolge aufweisen konnte. Was geschah, wenn christliche Mission die Normen einer Gesellschaft unterminierte und deren kulturelle Semantik damit aus den Fugen geriet, wird im folgenden Kapitel geschildert, das fast zeitgleiche Entwicklungen auf einem anderen Kontinent, nämlich in Nordamerika, erzählt.

Die Katastrophe der Huronen: Pelzhandel und Missionare

Am 24. Juni 1496 sichteten die Seeleute Land. Als sie sich näherten, entdeckten sie, dass es bewohnt war. Ihr Kapitän hatte seinen Auftrag erfüllt, denn der englische König Heinrich VII. hatte Giovanni Caboto entsandt, um neue Länder zu entdecken. Caboto stammte wie Christoph Columbus aus dem italienischen Genua, doch war er in englische Dienste getreten, weshalb er in den Geschichtsbüchern unter dem Namen John Cabot zu finden ist. Seine profunden nautischen Kenntnisse und seine reiche Erfahrung erschienen dem englischen König den Versuch wert, an den spektakulären Neuentdeckungen des Columbus zu partizipieren. Zwei Jahre vor Cabotos Fahrt hatten sich die spanischen Könige Ferdinand und Isabella vom Papst im Vertrag von Tordesillas die alleinige Verfügung über die westliche Hemisphäre zusprechen lassen. Es überrascht nicht, dass andere europäische Herrscher damit nicht einverstanden waren: der König von Frankreich, weil er sich als Katholik vom Papst zurückgesetzt fühlte, die Niederländer und Engländer als Protestanten ohnehin.

Für sie war es leichter, sich nach kommerziellen Möglichkeiten in Nordamerika umzusehen, weil dort eine spanische militärische oder administrative Präsenz anders als in Mittel- und Südamerika kaum vorhanden war. So erkundeten einzelne Seefahrer, die wie der Italiener Giovanni Caboto in englischen oder wie sein Landsmann Giovanni da Verrazano in französischen Diensten unterwegs waren, im nördlichen Atlantik die verschiedenen Buchten und Inseln. Dort tummelten sich schon im frühen 16. Jahrhundert Fischer aus der Biskaya, die im Raum zwischen der riesigen Trichtermündung des Sankt-Lorenz-Stroms und der ihr vorgelagerten Inseln den zu dieser Zeit größten Reichtum dieser Region schöpften: Kabeljau.

Kabeljau galt als ein besonders hochwertiger Fisch, der sich gut vermarkten ließ, wenn man eine Methode entdeckte, um ihn haltbar zu machen. Die Fischer fanden bald heraus, dass man ihn salzen und trocknen musste. Das ließ sich jedoch nur an Land bewerkstelligen, sodass sie begannen, dort Gestelle aus Zweigen und Stöcken zu errichten, auf denen die Fische zum Trocknen aufgehängt wurden, weshalb sich für den gedörrten Fisch der Name Stockfisch einbürgerte. Allmählich gingen die Fischer zu längeren Aufenthalten über und entwickelten eine Arbeitsteilung, indem ein Teil der Schiffsbesatzungen an Land blieb, um dort die Fische zu verarbeiten, während die übrigen den Nachschub heranbrachten.

Diese längeren Landaufenthalte führten geradezu zwangsläufig zu Kontakten mit der Bevölkerung Nordamerikas. Diese sogenannten „Indianer“ boten den Fischern an, ihre Biberfelle gegen europäische Waren zu tauschen, woraus sich bald ein für die Fischer lukratives Nebengeschäft entwickelte. Der Handel brachte eine eigene Sprache hervor, ein Kauderwelsch aus Baskisch und Algonkin, der Sprache der an der Küste lebenden Indianer. Auf diesem Weg erfuhren die europäischen Fischer von einem Volk, das weiter im Landesinneren lebte und vor dem ihre Gesprächspartner gehörigen Respekt, ja sogar Angst zu haben schienen. Denn sie bezeichneten diese Leute als *Hilokwa*, was soviel heißt wie: Menschen, die töten. Im frühen 17. Jahrhundert begannen die Franzosen unter der energischen

Führung von Samuel de Champlain die Trichtermündung des Sankt-Lorenz-Stroms genauer zu erkunden und fuhren schließlich den Strom selbst hinauf. Dadurch kamen sie in Kontakt mit diesen *Hilokwa*.

Der Name *Hilokwa*, den ihnen die Algonkin als Sammelbezeichung verpasst hatten, erfuhr eine Reihe von Veränderungen durch die Europäer, die kurios, aber typisch für viele der bekannten Indianer-Namen sind. Wie in vielen Sprachen, so konnte auch bei verschiedenen Algonkin-Gruppen das „l" durch ein „r" ersetzt werden. Als die Franzosen das Wort schriftlich fixierten, ließen sie in der bei ihnen üblichen Vernachlässigung des „h" dieses ganz fort und aus *Hilokwa* wurde in ihrer Schreibweise: *Iroquoi* (gesprochen *Irokwa*). Die Übersetzung in andere europäische Sprachen verschob das Wort immer weiter von seiner ursprünglichen Bedeutung, denn im Deutschen wurden die *Hilokwa* sogar zu den Irokesen. Wer waren diese Menschen, die heute im Wesentlichen als Vorbilder für modische Haarschnitte der Punk-Bewegung bekannt sind?

Neben einer gemeinsamen Sprache teilten die Irokesen auch eine Wirtschaftsform, die sie von ihren Nachbarn unterschied. Im Gegensatz zu den Algonkin, die als sogenannte Wildbeuter vom Jagen und Sammeln lebten, kannten die irokesischsprachigen Völker, die inmitten der Algonkin lebten, auch den Bodenbau. In ihren Gärten, die um die mit Holzpalisaden bewehrten Dörfer angelegt waren, kultivierten sie Mais, Bohnen und Kürbisse als ihre Grundnahrungsmittel, wozu wie bei den Algonkin gesammelte Früchte und Beeren kamen sowie die Beute aus Jagd und Fischerei.

Die Irokesen, die vermutlich im 10. Jahrhundert von Süden zugewandert waren, hatten, wie die archäologischen Funde belegen, in den folgenden Jahrhunderten in Folge einer Abkühlung des Klimas untereinander erbittert um Ressourcen gekämpft, in erster Linie um geeignete Anbaugebiete. Wahrscheinlich um die Kriege einzugrenzen, hatten sich die jeweils nahe beieinander lebenden Irokesengruppen geeinigt, die Kämpfe gegeneinander einzustellen, sich in sogenannten Ligen zusammenzuschließen und fortan ihre gebündelte Kampfkraft gegen andere Irokesen und Algonkin zu richten. Auf diese Weise waren mindestens drei Ligen entstanden, nämlich die Irokesen im engeren Sinn, die Huronen und die Neutralen.

Die Irokesen im engeren Sinn lebten südlich des Ontario-Sees und bestanden aus fünf „Nationen“ oder Ethnien. Es sind die fünf Ethnien der Mohawks, Cayuga, Onondaga, Oneida und Seneca, wobei es sich bei diesen Benennungen um Fremdbezeichnungen oder um Verballhornungen und Simplifizierungen der Eigennamen handelt. Jede dieser Nationen besiedelte ein oder zwei Dörfer, umfasste also zahlenmäßig nur wenige tausend Menschen. Diese Irokesen im engeren Sinn nannten sich selbst *Haudenosaunee*, die „Menschen des Langhauses“.

Weiter nördlich an der Georgian Bay, einer großen Bucht des Huronsees, bildete sich aus vier Ethnien eine weitere Liga. Die vier Ethnien nannten sich *Attignawantan* (Volk des Bären), *Arendarhonon* (Volk des Felsens), *Attigneenongnahac* (Rehe oder Bellende Hunde), *Tahontaenrat* (Weiße Dornen, Weißes Kanu oder Weißes Haus). Diese Menschen nannten sich als Gesamtgruppe *Wendat*, was soviel heißt wie die „Bewohner der Insel“, wobei mit Insel in diesem Fall kein von Wasser umgebenes Land, sondern eine Insel der Fruchtbarkeit zwischen Wäldern und dem Huronsee gemeint war. Die Franzosen, die ihnen im Verlauf der Handelstransaktionen am Sankt-Lorenz-Strom begegneten, nannten sie wegen ihrer Frisuren *hure*, die Schweineköpfe, woraus sich der Name Huronen ableitet.

Schließlich gab es eine dritte Liga irokesischsprachiger Völker, die am Nordufer des Eriesees lebten und weil sie sich

Der Anbau von Mais, Bohnen und Kürbis als Grundnahrungsmittel lag bei den Huronen in den Händen von Frauen, die auch für die Zubereitung der Speisen zuständig waren. Auf dem Bild erkennt man, wie Kleinkinder gewickelt und getragen wurden.

Gesellschaft ohne Herrschaft

Die Huronen bildeten eine staatenlose Gesellschaft, d. h. sie kannten keine politische Herrschaft. Ihre Gemeinschaften wurden durch ein komplexes Verwandtschaftssystem zusammengehalten, das aus Abstammungseinheiten bestand. Im Fall der Huronen verliefen diese über die mütterliche Linie (Matrilinearität), d. h. ein Mann blieb auch nach seiner Verheiratung Angehöriger der Familie seiner Mutter. Staatenlose Gesellschaften sind häufig sehr kriegerisch, da jedes Mitglied darauf aus ist, seinen autonomen Status gegen die Zumutungen politischer Herrschaft zu verteidigen.

aus den Kämpfen zwischen Huronen und Irokesen heraushielten, von den Europäern mit dem wenig einfallsreichen Namen „Neutrale" belegt wurden, unter dem sie sich noch heute in historischen Darstellungen finden.

Die Huronen wohnten wie die Irokesen in sogenannten Langhäusern, die aus einem im Boden verankerten Holzgeflecht bestanden, das mit Birkenrinde gedeckt war. Diese Häuser waren Dutzende Meter lang und beherbergten mehrere Familien. Eine der ersten Beschreibungen eines Langhauses stammt vom französischen Gründer der Kolonie Neu-Frankreich, Samuel de Champlain (ca. 1567–1637). Er beschrieb in einem 1616 veröffentlichten Bericht das Innere eines huronischen Langhauses:

> Die Häuser sind in Form eines Tunnels oder Bogens und mit Baumrinde bedeckt; mehr oder weniger 25 bis 30 Faden [ein Faden ungefähr 1,80 Meter] lang und sechs breit. Durch die Mitte führt ein Gang, der 10 bis 12 Fuß breit ist und vom einen Ende zum anderen reicht. Auf beiden Seiten befindet

> sich eine Art Bank, die vier Fuß hoch ist, worauf sie im Sommer schlafen, um nicht von den Flöhen belästigt zu werden, die sehr zahlreich sind; und im Winter schlafen sie auf Matten am Boden, nahe beim Feuer, um es wärmer zu haben. [...] An den Enden der Häuser befindet sich in der Mitte des Gebäudes ein Raum, wo sie ihren Mais aufbewahren, den sie in große, aus Birkenrinde gemachte Fässer stecken. An Holzstücke, die aufgehängt werden, hängen sie ihre Kleider, Nahrung und andere Dinge, um sie vor den vielen Mäusen zu schützen.
>
> In einem solchen Haus gibt es zwölf Feuer, das bedeutet 24 Haushalte. Das Feuer raucht im Winter sehr stark, sodass viele von ernsthaften Augenkrankheiten befallen werden, für die sie so anfällig sind, dass sie sogar gegen Ende des Lebens ganz erblinden können. Es gibt kein Fenster oder sonst eine Öffnung mit Ausnahme derjenigen im Dach des Hauses, durch die der Rauch entweicht. Sie verlagern manchmal ihre Dörfer in Abständen von zehn, 20 oder 30 Jahren [...], weil der Boden vom Maisanbau erschöpft ist und nicht gedüngt wird.

Alle irokesischsprachigen Völker lebten in Langhäusern, die mehreren Familien Wohnraum boten. Sie waren über die weibliche Abstammungslinie miteinander verwandt, sodass ein Langhaus in der Regel von einer älteren Frau und den Familien ihrer Töchter bewohnt wurde. Dies wurde häufig als Hinweis auf ein Matriarchat, eine Frauen- oder Mutterherrschaft ausgelegt, ähnlich wie das Zusammenleben in Langhäusern und das weitgehende Fehlen von Privateigentum die Irokesen zu einem bevorzugten Studien- und Interpretationsobjekt der Marxisten machte, die in ihnen ein Relikt des Urkommunismus vermuteten. Die empirische Forschung hat jedoch ein etwas anderes Bild gezeichnet, denn die Irokesen räumten Frauen zwar

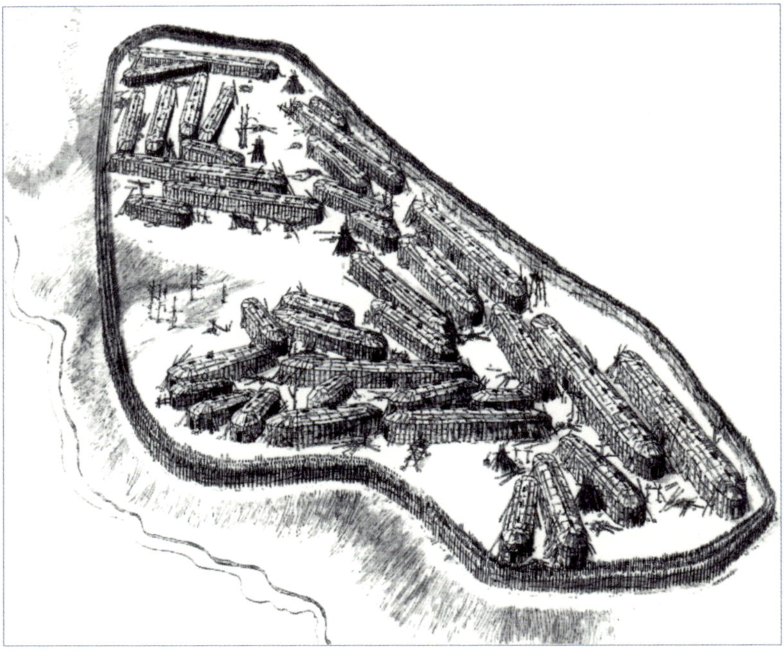

Das Irokesendorf Draper östlich von Toronto (Kanada). Hier lebten zwischen 2000 und 3000 Menschen in einer Ansammlung von Langhäusern, deren Anlage Archäologen rekonstruieren konnten. Die Palisaden um das Dorf belegen, dass die Bewohner sich vor Angriffen schützen mussten.

erhebliche Mitwirkungsmöglichkeiten ein, die Entscheidungen wurden aber letztlich von Männern getroffen, wie auch alle Häuptlinge und Kriegsführer stets Männer waren.

Die wichtigste Handelsware

Im Gegensatz zu den Irokesen der „fünf Nationen" lebten die Huronen in der günstigsten geografischen Lage, um vom Pelzhandel zu profitieren. Denn die Pelze der Biber waren im kälteren Norden wegen des dichteren Haares von höherer Qualität und die verschiedenen Handelswege verliefen durch das Gebiet der Großen Seen, da die Wasserwege Nordamerikas, vor allem der Sankt-Lorenz-Strom, in den damals noch dicht bewaldeten Regionen das leichteste Durchkommen und den bequemsten Transport ermöglichten.

Tatsächlich drehte sich im Nordosten Amerikas alles ums Wasser: Der wichtigste Gegenstand des Pelzhandels, das Biberfell, stammte von einem Wassertier, die Pelze wurden auf dem Wasserweg befördert. Die Indianer hatten das ideale Transportmittel dafür entwickelt, nämlich leichte Kanus: „Sie sind aus Birkenrinde gemacht, innen mit Reifen aus weißem Zedernholz verstärkt, sehr genau gearbeitet, und sie sind so leicht, dass ein Mann ohne weiteres eines von ihnen tragen kann.“[1] Die Kanus waren mit Baumharz abgedichtet und ihr geringes Gewicht erlaubte es, sie über die zahlreichen Wasserscheiden oder um Stromschnellen herum zu tragen. Der Sankt-Lorenz-Strom verband den Atlantik mit dem Gebiet der Großen Seen, das damit zur Drehscheibe des Pelzhandels wurde.

Die Huronen mussten wegen ihrer Gartenbaukultur weniger Zeit für das Jagen, Fischen und Sammeln aufbringen als ihre Nachbarn, die Algonkin-Völker. Vom Huronsee aus bauten sie ihre Handels- und Vertriebsnetze auf und waren in einer geradezu idealen Position, den Zwischenhandel mit Biberfellen zu kontrollieren. Sie tauschten Getreide gegen Pelze von ihren Algonkin-Nachbarn, die sie dann nach Osten über den Ottawa in den Sankt-Lorenz-Strom zu ihren europäischen Geschäftspartnern transportierten. Ab etwa 1615 kann man von einem etablierten Handelsbündnis der Huronen mit den Franzosen sprechen.

Die Irokesen der „fünf Nationen“ befanden sich dagegen im Nachteil, denn sie waren umgeben von Völkern, die eine ähnliche Wirtschaftsform wie sie selbst praktizierten. Aus diesem Grund konnten sie nicht, wie die Huronen, in eine Austauschbeziehung mit ihnen treten, da diese Völker ihre Ernährungsgrundlage über Eigenproduktion sicherten und darum nicht gezwungen waren, wie die Algonkin Lebensmittel zu kaufen. So waren die Irokesen stärker als die Huronen auf Kriegführung angewiesen, um begehrte Güter wie die Metallwaren der Europäer gegen die geraubten Pelze einzuhandeln. Hinzu kam, dass das Siedlungsgebiet der Irokesen bald leergejagt war. So lief der Haupthandel nördlich an ihnen vorbei durch das Tal des Sankt-Lorenz, wovon die Huronen profitierten, während sie selbst oft leer ausgingen. Als Krieger verlegten sie sich daher auf Überfälle und Raubzüge, nachdem die Franzosen dauerhafte Handelsplätze eingerichtet hatten.

Beim Handeln kamen sich beide Seiten sehr schnell näher, doch reagierten die Huronen zunächst etwas verständnislos, warum die Europäer so begierig waren, ausgerechnet alte Biberfelle zu erstehen. Denn die Franzosen schätzten gerade die abgetragenen Fellumhänge der Indianer besonders und waren bereit, dafür mehr zu zahlen als für neue Felle. Was die Indianer nicht wissen konnten, war, dass die Europäer die Felle nicht direkt zu Kleidung verarbeiteten, sondern sie für die Herstellung von Hüten benutzten. Das darf man sich nicht so vorstellen, als ob die Biberfelle zu Pelzmützen oder dergleichen verarbeitet worden wären, sondern man gewann aus ihnen den Filz für die breitkrempigen Hüte, die in der frühen Neuzeit große Mode waren. Der Filz musste fest sein, damit die breiten Krempen der Hüte auch genügend Halt hatten, denn Schlapphüte sahen nicht sonderlich elegant aus. Zur Filzherstellung eignete sich die kurze untere Haarschicht der Biberfelle besonders gut, während die längeren Deckhaare für die Europäer von geringem Interesse waren und eher störten. Da die Indianer die Felle im Winter mit der Haarseite nach innen trugen und die Angewohnheit hatten, ihre Körper mit Fett einzureiben, blieben viele der langen Deckhaare an den Körpern der Menschen kleben. Die Umhänge der Indianer erleichterten also die Verarbeitung zu Filz.

Die Indianer sahen in den merkwürdigen Begierden der Europäer weniger ein ethnografisch reizvolles Forschungsfeld, sondern die günstige Gelegenheit, billig in den Besitz geschätzter Gegengaben zu kommen, wozu in erster Linie Metallgegenstände gehörten: Kupferkessel, Messer, Speerspitzen, Nägel und anderes mehr, aber auch Decken und Kleidung für die kalten Winter.

Für die Europäer ihrerseits erwies sich das Geschäftsgebaren der Indianer als wenig verständlich. Die Indianer kauften oft auf Kredit und ließen ihre Schulden „stehen", um sie dann irgendwann nicht nur zurückzuzahlen, sondern dies mit dem Versuch zu verbinden, nun ihrerseits bei den Weißen Gläubiger zu werden. Dieses Verhalten war nicht einer ökonomischen Rationalität verpflichtet, sondern stellte einen integralen Bestandteil des sozialen Verkehrs der Menschen dar. Während es für die Europäer wichtig war, nach Abschluss einer Transaktion „quitt" zu sein, stellten die Indianer die wechselseitigen Verpflichtungen auf Dauer, indem immer einer dem anderen etwas schuldete. Der Handel diente dem Aufbau stabiler sozialer Beziehungen.

Aufeinandertreffen fremder Welten

Trotz des für beide Seiten einträglichen Geschäfts begegneten Europäer und Indianer einander mit wechselseitigem Misstrauen, das durch Missverständnisse und unterschiedliche ästhetische Wertmaßstäbe häufig neue Nahrung erhielt. So empfanden die Indianer Bärte und gelocktes Haar als abscheulich und die Europäer als hässlich, während diesen der „stechende Blick" der Indianer als bemerkenswert erschien.

Insbesondere aber entzog sich die gesellschaftliche Struktur dem Verständnis der jeweils anderen. Den Europäern, die aus einer Ständegesellschaft kamen, in der soziale Ungleichheit und die dazu gehörige Distinktion über Habitus, Kleidung und Sprache selbstverständlich war, musste die egalitäre Gesellschaft der Huronen, die keine staatliche Organisation kannten, rätselhaft erscheinen. Die Erbfolge über die mütterliche Linie war den Europäern ebenso fremd wie das Wohnen in Langhäusern ihnen unschicklich, ja obszön erscheinen musste, verhinderte es doch jede Trennung von öffentlichem und privatem Leben. Die Folterung von Kriegsgefangenen, deren religiöse Bedeutung die Europäer nicht verstanden, widersprach ihrer Vorstellung von Ritterlichkeit. Die einzige Erklärung, die sie dafür hatten, war eine religiöse, nämlich dass ein derart ungeordnetes Leben ein Anzeichen von Wildheit sei, was sich an der Unkenntnis und – wie sich bald herausstellen sollte – Unzugänglichkeit für die christliche Religion ablesen und bestätigen ließ. Sie entwickelten keinerlei Verständnis für die Religiosität der Indianer. Dies wird deutlich aus einem Gespräch, das Champlain während des Baus der ersten Siedlung in Quebec mit dort fischenden Indianern führte:

> Ich fragte sie, welche Zeremonien sie benutzten, wenn sie zu ihrem Gott beteten; sie sagten, sie benutzten keine, sondern jeder betete in seinem Herzen so wie er es wünschte. Das ist der Grund, warum sie kein Gesetz kennen und nicht wissen, was es heißt, Gott zu verehren und zu Ihm zu beten, sondern sie leben wie wilde Tiere.

Trotzdem hielt er die Indianer für sehr lernfähig und bescheinigte ihnen „gute Urteilskraft“ und Intelligenz.[2]

Den Indianern dagegen blieb als Angehörigen staatenloser Gesellschaften verschlossen, was Herrschaft bedeutet. Als ein

Micmac-Indianer von der Atlantikküste Europa besuchte, war er nach einer Rundreise durch Frankreich irritiert. Die Indianer kannten sehr wohl Unterschiede in Ansehen und Prestige. Diese wurden aber durch soziales Verhalten erworben und waren nicht wie in Frankreich durch Herkunft und Geburt gesetzt. Menschen, die sich in ihrem Alltag der Gemeinschaft zugewandt zeigten und Solidarität praktizierten, förderten den Zusammenhalt und verhielten sich konform mit den Grunderfordernissen des Überlebens als Gruppe. Darum war eine der höchsten Tugenden Großzügigkeit und Freigiebigkeit, was Menschen, die kein Privateigentum hatten, in der Regel nicht sehr schwer fiel. Dabei gab es einen regelrechten Wettbewerb, denn Großzügigkeit konnte man zeigen, indem man andere zu Festen einlud. Im Zentrum dieser Feste standen gemeinsame Mahlzeiten, in deren Üppigkeit sich die Großzügigkeit manifestierte. Je reichhaltiger das Mahl, je größer die Zahl der Geladenen, desto größer war das Ansehen, das der Gastgeber daraus bezog.

Nun war das Kochen für die Indianer immer aufwendig gewesen, weil ihre Mahlzeiten aus einer Art Maissuppe mit je nach Jahreszeit wechselnden Beilagen bestanden. Da sie Metallgewinnung nicht kannten, waren sie darauf angewiesen, zerbrechliches Tongeschirr zu benutzen, das unter Feuereinwirkung leicht springen konnte, oder sie füllten Rindenbehälter mit Wasser. Dieses brachten sie zum Kochen, indem sie auf dem Feuer erhitzte Steine hineinwarfen. Die Prozedur war mühsam und mit hohem Verschleiß der Behälter verbunden, sodass die Indianer die kupfernen Kessel, die ihnen die Europäer im Tausch gegen Biberfelle anboten, schnell sehr schätzen lernten. Je größer der Kessel, den man den Weißen abkaufte, desto mehr Gäste ließen sich bewirten. Aus diesem Grund hatte der Micmac-Besucher in Frankreich erwartet, dass der französische

König, von dessen Macht und Ansehen ihm soviel berichtet worden war, derjenige sein musste, der den größten Kupferkessel besaß und alle bewirten konnte. Als er eine Straße sah, in der viele Kupferschmiede ihre Werkstätten hatten, hielt er sie für Verwandte des Königs und ihr Handwerk für dasjenige der größten Herren des Reichs.[3]

Gleichwohl darf man sich die Begegnung zwischen Europäern und Indianern nicht nur von Unverständnis geprägt vorstellen. Denn ihre Kulturen waren keine in sich geschlossenen Universen, sondern beide Seiten waren lernbereit und lernwillig. Wenn den anderen etwas fehlte, was für sie selbstverständlich war, nahmen sie dies mit Erstaunen zur Kenntnis. Das betraf selbst für Europäer so selbstverständliche und schöne Gepflogenheiten wie das Küssen, da der erotische Kuss den Indianern unbekannt war.[4] Doch zeigten diese sich darin ebenso lernbegierig wie im Handel, der die wichtigste Ebene der Verständigung und des Austauschs war. Mit einem gewissen Missvergnügen notierten die europäischen Beobachter, dass die Indianer gewiefte Geschäftsleute waren, die ihren Vorteil zu wahren wussten. Sie trieben bewusst die Preise in die Höhe, indem sie Waren künstlich verknappten, vor allem aber weil sie verschiedene Anbieter – Franzosen und Niederländer – gegeneinander auszuspielen verstanden. Darum waren Letztere einander keineswegs gewogen, was durch den Umstand, dass sie verfeindeten konfessionellen Lagern angehörten, nicht gerade gemildert wurde. Die Niederländer erkannten nach anfänglichen Konflikten, dass die Irokesen gern mit ihnen handelten und nutzten deren militärische Macht, um den Handel der Franzosen mit den Huronen zu stören und ins Tal des Hudson umzulenken. Dabei scheuten sie sich nicht, den Indianern Feuerwaffen und Feuerwasser zu verkaufen, was die Franzosen noblerweise in ihrem Einflussbereich zu unterbinden trachteten, freilich in erster Linie aus Selbstschutz, da die Indianer unter Alkoholeinfluss häufig unberechenbar und aggressiv wurden.

Das Bündnis der Huronen mit den Franzosen wurde dadurch stabilisiert, dass es seit 1609 eine französische Siedlung am Sankt-Lorenz-Strom gab, deren Einwohnerzahl aber im Vergleich zu den weiter südlich gelegenen englischen Kolonien nicht sehr groß war. Champlain hatte den strategisch bedeutendsten Punkt am Sankt-Lorenz-Strom ausgesucht, eine Flussenge (irokesisch: *kebek*), die von einem Felsen überragt wird, sodass die Wasserstraße hier am leichtesten kontrolliert und notfalls für feindliche Schiffe gesperrt werden konnte. Die dort errichtete Hauptstadt Quebec blieb für lange Zeit einer der strategisch wichtigsten Orte auf dem nordamerikanischen Kontinent. Die späteren Bemühungen Ludwigs XIV. und seines Ministers Jean-Baptiste Colbert, Siedler ins Land zu bringen, sollten nicht darüber hinwegtäuschen, dass die Franzosen in erster Linie am Handel interessiert waren. Die Ansiedlung war eine flankierende Maßnahme, um die kommerziellen Interessen von einer territorialen Basis aus besser zu schützen, und sie gewann erst im weiteren Verlauf des kolonisierenden Engagements an Eigendynamik. Der Handel lag weitgehend in der Hand der Huronen, da sie zu den Weißen kamen und somit die Menge der Ware zu ihren Gunsten manipulieren und die Zeiten für den Handel festlegen konnten, ähnlich wie die Karanga gegenüber den Portugiesen.

Gleichwohl unternahmen die Europäer gelegentlich Erkundungsfahrten auf Flüssen und Seen wie bereits Champlain, der 1615/16 einen Winter bei den Huronen verbracht hatte. Soweit es ging, drangen sie mit ihren Segelschiffen auf den großen Flüssen vor, doch kamen sie hier nicht weit. Dort, wo es zu seicht und zu gefährlich für die Weiterfahrt wurde, errichteten sie an geeigneten Stellen ihre Inlandshäfen mit Stapelplätzen und befestigten Anlagen. Diese Forts markierten die Grenze, denn ab da beherrschten die Indianer mit ihren Kanus den Verkehr. Noch bis in die Mitte des 17. Jahrhunderts gelangten Europäer, nicht zuletzt die Jesuitenmissionare, nur in den Kanus der Huronen über den Sankt-Lorenz-Strom und den Ottawa-Fluss zum Huronsee und den Wohnsitzen der Indianer.

Weil die Irokesen anfingen, die Kanuflottillen der Huronen unterwegs abzufangen, wurde ihnen die gefährliche Fahrt den Sankt-Lorenz-Strom abwärts bis Quebec erspart. Ein 1612 neueingerichteter Handelsplatz befand sich auf einer Insel am Oberlauf des Sankt-Lorenz-Stroms, nahe der Mündung des von Norden kommenden Ottawa-Flusses, den die Huronen gewöhnlich für ihre Kanufahrten nutzten. Denn der Sankt-Lorenz-Strom selbst war stromaufwärts wegen der großen Stromschnellen praktisch unpassierbar. Auf dieser Insel befand sich ein auffallend hoher, ein „königlicher" Berg, zu dessen Füßen Champlain eine Pelzhandelsstation, *Mont Real*, gründete, den Ausgangsort der Kanufahrten und die Eingangspforte ins Innere des Kontinents, noch bis ins 19. Jahrhundert die Metropole des Pelzhandels.

Die Niederländer, die weiter südlich Handel trieben, errichteten ihren Hauptort auf der Südspitze der von den lokalen Lenape-Indianern so genannten Insel Manahattan im Mündungsgebiet des Hudson und nannten ihn Neu-Amsterdam. Er war ähnlich wie Quebec mit Kanonen bewehrt (heute: Battery Park), um das Vordringen europäischer Konkurrenten in das Flussgebiet zu verhindern. Der eigentliche Handelsplatz lag am Oberlauf des Hudson, wo sich heute die Hauptstadt des Staats New York, Albany, befindet. Damit waren sie unmittelbare Nachbarn der Irokesenliga, mit denen sie einen immer weniger lukrativen Handel betrieben und deshalb im Lauf der Jahre ein Bündnis gegen Franzosen und Huronen schmiedeten.

Missionare im Land der Indianer

Als Repräsentanten eines europäischen Territorialstaats erhoben die Franzosen Hoheitsansprüche auf das Gebiet um die Großen Seen, was die Huronen in dieser Zeit wenig berührte, weil es keine erkennbaren Folgen für sie hatte. Was viel schwerer wog, war die Verknüpfung des Handels mit der christlichen Mission. Champlain hatte den Huronen klar gemacht, dass sie nur mit der Unterstützung Frankreichs rechnen konnten, wenn sie Jesuitenmissionare in ihren Dörfern aufnahmen.[5] Dem war ein heftiger Konkurrenzkampf zwischen den Jesuiten und den zum Augustinerorden zählenden Rekollekten vorangegangen. Doch waren die Jesuiten seit etwa 1630 konkurrenzlos etabliert und richteten 1635 in Quebec sogar ein eigenes Seminar ein.

Im südlichen Afrika hatten sich die Jesuiten wie der Pater Gonçalo da Silveira im Windschatten der portugiesischen Militärmacht bewegt. Was nun bewog ihre Ordensbrüder in Nordamerika, weit im Hinterland und fern schützender Festungsmauern bei Menschen tätig zu werden, die ihnen unverständliche Bräuche pflegten und denen sie wehrlos ausgeliefert waren?

Die französischen Jesuiten verstanden das Leben unter den Huronen selbst dann, wenn es für sie nicht lebensbedrohend war, als Unterpfand ihrer Bereitschaft zum Martyrium. Dazu gehörte auch, dass sie den Pfad der erfolgreichen Anpassung an lokale Gebräuche und Gegebenheiten einschlugen, wie ihn ihre Ordensbrüder in China entdeckt und erfolgreich praktiziert hatten. So lebten die Jesuiten zunächst in den Langhäusern der Huronen, was keine angenehme Erfahrung für die zölibatären Patres war, die als unfreiwillige Augen- und Ohrenzeugen am Intimleben mehrerer Familien teilnehmen durften.

> Wenn du sie in ihren Hütten besuchst [...] so wirst du dort eine Miniaturausgabe der Hölle vor dir sehen. Gewöhnlich siehst du nichts, außer Feuer und Rauch, und überall nackte Körper, schwarz und halb geröstet, in völligem Durcheinander mit den Hunden, die so lieb gehalten werden wie die Kinder des Hauses und die Betten, Teller und Essen mit ihren Herren teilen. Alles befindet sich in einer Staubwolke und wenn du die Hütte betrittst, so wirst du nicht an ihr Ende gelangen ohne über und über mit Kot, Schmutz und Dreck besudelt zu sein.[6]

Dabei störte sie auch die Freiheit, die die Kinder genossen. Denn die Erziehung der Huronen war alles andere als autoritär; Kinder wurden als vollwertige Persönlichkeiten behandelt, die man, wenn sie allzu sehr über die Stränge schlugen, bestenfalls ermahnte. Den Jesuiten erschien es dagegen als Zeichen von Barbarei und Disziplinlosigkeit, dass die Indianer keine körperliche Züchtigung von Kindern praktizierten. Nicht zuletzt daran scheiterte auch das Jesuiten-Seminar in Quebec, wohin einige Huronenfamilien auf nachhaltiges Drängen der Jesuiten ihre Söhne geschickt hatten. Den jungen Indianern wurden das Leben in geschlossenen Häusern, die Disziplin und nicht zuletzt das Essen, das den an ihre flüssigen Speisen gewöhnten Huronen heftige Verdauungsbeschwerden bescherte, sehr schnell unerträglich, sodass sich fast alle aus dem Staub machten und nach Hause zurückpaddelten.

Den Huronen mussten die religiösen Vorstellungen der Christen fremd bleiben, da sich zu ihren eigenen auch nicht ansatzweise Anschluss- oder Vergleichsmöglichkeiten ergaben. Während für die Christen die Welt der Menschen eine von Sünde geprägte war, die sich von der natürlichen Welt dadurch abhob, dass der Mensch als Krone der Schöpfung und als das zwar gottnächste, aber als einziges zu Sünden fähige Wesen angesehen wurde, gab es für die Huronen keine Trennung von Mensch und natürlicher Welt, ja diese Welt war harmonisch, weshalb die Huronen ihrem höchsten Wesen für diese wohl eingerichtete Welt dankten. Die wichtigsten religiösen Feste und Zeremonien waren daher Dankfeste, verbunden mit dem Versuch, durch Reinigungen die Harmonie der Welt wiederherzustellen. So geht das in den USA als nationaler Feiertag begangene Erntedankfest auf indianische Bräuche zurück. Demgegenüber näherten sich die Christen ihrem Gott in Zerknirschung und als Bittende: um Gnade und um Sündenvergebung.

Die Indianer verstanden auch Friedensschlüsse im Sinn einer Wiederherstellung der harmonischen Ordnung. Die ausgefeilten Rituale der Friedensstiftung sollten den Verlust an Menschenleben symbolisch ausgleichen, indem die Hinterbliebenen mit reichen Geschenken entschädigt wurden, wobei jedes der Geschenke eine besondere Funktion bei der Wiederherstellung der Ordnung erfüllte.[7] In diesen Zusammenhang gehört auch die Folterung von Kriegsgefangenen, die die im Krieg getöteten eigenen Angehörigen gleichzeitig ersetzten und ihnen geopfert wurden.

Angeführt wurden die Kriegszüge, an denen nur Freiwillige teilnahmen, von gewählten Kriegshäuptlingen, die nur für die Dauer eines Kriegs Befehlsgewalt hatten. Ansonsten gab es sogenannte *Sachems*, die *Chiefs* in Friedenszeiten, die aber im Gegensatz zu den *Chiefs* der Karanga in Südafrika keine große Autorität besaßen, sondern eher Schlichter und Vermittler waren. Der Zusammenhalt der Gesellschaft wurde statt durch Autorität vielmehr über das hochkomplexe Verwandtschaftssystem und über Methoden der Konsensfindung hergestellt, bei denen Diskussionen, Urteilskraft und ausgefeilte Rhetorik zum Erfolg führten.[8] Die Kriege der Irokesen gegen die Huronen werden heute nicht nur im Kontext der Konkurrenz von Pelzhändlern gesehen, sondern als Trauerkriege *(mourning wars)* interpretiert. Das lief auf eine Art permanenten Krieg hinaus, da jeder Kriegszug neue Opfer hervorbrachte, für die Entschädigung und Sühne geleistet werden mussten. Dass sie den Frieden als Ausnahme und den Krieg als Normalzustand wahrnahmen, widerspricht nur in unserer Sicht einer harmonischen Welt. Eine Welt, in der der Tod unnatürlich, der Krieg aber normal war, blieb jener anderen fremd, in der sich ein barmherziger Gott für alle Menschen opfert, um sie von ihren Sünden zu erlösen.

Andere Länder, andere Sitten

Wie wenig die Kosmologien miteinander vereinbar waren, offenbarte sich in der Hartnäckigkeit, mit der die Huronen an ihren Vorstellungen festhielten, selbst wenn die Jesuiten ihre logische Inkonsistenz nachgewiesen und die Indianer diese eingeräumt hatten:

> Sie geben aber trotzdem nicht auf, sondern ziehen sich darauf zurück, dass ihr Land nicht wie unseres sei, dass sie einen anderen Gott, ein anderes Paradies hätten, mit anderen Worten: andere Sitten.[9]

Bemerkenswert an dieser Aussage ist der Freimut, mit dem die Huronen zugestanden, dass es andere Kosmologien und andere Bräuche geben konnte; ihre Lernfähigkeit unterstrich diese prinzipielle Offenheit. Zentrale Glaubensvorstellungen der Europäer übernahmen sie erst, nachdem ihre eigene gesellschaftliche Ordnung einen weitgehenden Kollaps erlitten hatte, dann aber umso schneller: Die Ereignisse hatten gezeigt, dass die Weißen recht gehabt hatten, oder zumindest, dass ihr Gott mächtiger war.

Die Huronen hatten die Vorstellung, dass die Toten in Dörfern ganz wie in denjenigen auf der Erde weiterlebten. So war es für sie keineswegs abwegig, die Frage zu stellen, ob es im christlichen Himmel auch Tabak gäbe, gerade angesichts der religiös-rituellen Bedeutung des Tabakrauchs.

> Einige sagen, sie könnten nicht sehen, wie sie mit ihren schwachen Beinen eine so lange Reise durchhalten und den Himmel erreichen könnten. Andere gestehen, dass sie jetzt schon Angst haben und fürchten, sie könnten aus so großer Höhe herabstürzen, da sie nicht verstehen, wie man dort lange bleiben könne, ohne hinunterzufallen.[10]

Sie bedauerten die Konvertiten und prophezeiten ihnen, dass ihnen die Haare ausfallen würden, das Jagdglück ausbliebe und die Frauen unter ihnen keine Kinder mehr gebären würden.[11] Die meisten Huronen blieben tief misstrauisch, weil sie keine nachvollziehbaren Motive für den Glaubenseifer der Jesuiten erkennen konnten und sie darum verdächtigten, „ihren Ruin anzustreben, da wir nur ein Ziel von großer Bedeutung vor Augen haben könnten, wenn wir es mit solcher Entschlossenheit verfolgten".[12] Dem anfänglichen Optimismus der Jesuiten zum Trotz stellte sich bald heraus, wie sehr die Huronen deren Tätigkeit und Anwesenheit im Licht ihrer eigenen religiösen Vorstellungen interpretierten. Die Gelegenheit dazu sollte nur zu bald kommen.

Als die Niederländer am oberen Hudson Land verteilten, um durch eine Besiedlung ihre Kolonie Neuniederlande gegen die Expansion des benachbarten Neuengland zu verteidigen, kamen um 1630 erstmals Familien und mit ihnen die üblichen Kinderkrankheiten, gegen die die europäischen Erwachsenen immun waren, nicht aber die Indianer. Innerhalb kürzester Zeit rafften Krankheiten wie die Masern die Indianer in großer

Zahl dahin, während die Weißen überlebten. Im Jahr 1634 schleppten die Europäer die Pocken ein; die Indianer, die davon befallen wurden, litten fürchterlich.

Als die Pockenepidemie die Huronen um etwa die Hälfte dezimiert hatte, steigerte sich deren Misstrauen in offene Feindseligkeit. Es konnte kaum mit rechten Dingen zugehen, dass die Schwarzröcke gesund blieben, während um sie herum die Indianer zu Dutzenden starben. Die Huronen sprachen normalerweise nicht über die Toten, weshalb ihnen die ständige Rede vom Jenseits nicht allein verdächtig vorkam, sondern sie überdies ein Tabubruch war.[13] Dann kamen die Patres auch noch zu den Kranken und Sterbenden, um deren Seelen vor ihrem Ableben durch die Taufe zu retten. Die Huronen zogen daraus den logischen Schluss, dass das Beträufeln der Kranken mit Taufwasser nichts anderes als Schadenszauber sein konnte, dass die Patres Hexerei anwandten und einen lang gehegten Plan zur Ausrottung der Indianer in die Tat umsetzten. So beklagte sich 1638 Pater François Joseph de Mercier über die Verdächtigungen:

> Unser Verbrechen war, so sagten sie, dass wir uns im Herzen des Landes niedergelassen hatten, um so leichter seinen völligen Ruin herbeiführen zu können; um dies zu bewerkstelligen, hätten wir im Wald ein kleines Kind ermordet, indem wir es mit einer Ahle erstochen hätten, was den Tod einer großen Zahl von Kindern nach sich gezogen hätte. Vielleicht war der Teufel erzürnt, weil wir so viele der kleinen Unschuldigen in den Himmel geführt hatten.

Interessanterweise reagierte der Autor auf die für ihn völlig haltlosen Anschuldigungen mit einem Erklärungsversuch, der uns heutigen Lesern ebenso absurd vorkommt wie ihm die Vorwürfe der Indianer, nämlich dass der Teufel ihnen den Verdacht – die Jesuiten hätten die indianischen Kinder getötet – eingeflüstert haben müsse; aber seine Deutung illustriert die Inbrunst, mit der die Jesuiten daran glaubten, dass die Seelen sterbender Kinder, die vor ihrem Ableben noch getauft wurden, direkt in den Himmel kamen.[14]

Die Ablehnung eskalierte in einer Weise, dass die Jesuiten sich gottergeben auf das Martyrium vorbereiteten, das ihnen und den konvertierten Huronen bevorzustehen schien: „Ich weiß nicht, wie diese Stürme enden werden", schrieb Pater Hierosme Lalemant im September 1643,

> aber ich bin nicht ohne Hoffnung, dass wir in ein paar Jahren Märtyrer des Glaubens in diesen Ländern sehen werden, und vielleicht werden wir nicht die ersten sein. Die Inbrunst einiger dieser Neophyten verdient diese Zuwendung des Himmels. Zumindest sehe ich einige, die Gott für diese Gnade bereit zu halten scheint, die ihr Leben nicht achten und die einen solchen Tod als Belohnung betrachten für das, was sie tun und was sie für die Förderung des Glaubens zu tun wünschen.[15]

Zwar stellten sich besonders einflussreiche Huronen, die unmittelbaren Handelspartner der Franzosen, schützend vor die Missionare, doch gerade sie waren häufig unterwegs, da der Handel nach wie vor in Montreal oder Quebec abgewickelt wurde. So blieb die Lage für die Jesuiten eine höchst unersprießliche, während ihre Anwesenheit wie ein Pilz die Solidarität der Huronen von innen her zersetzte.

Schließlich verbreitete sich das Gerücht, die Jesuiten bewahrten in einem Kasten eine Leiche auf, von der die Krankheit ausginge.[16] Dies war der Tabernakel, in dem sich nach Angaben der Jesuiten der Leib des Herrn befand. Leider gibt es keine Aussagen von Huronen darüber, wie sie das Christentum verstanden, doch solche Interpretationen sprechen nicht dafür, dass die Lehren der Jesuiten in der Weise gedeutet wurden, wie die Missionare sich das erhofft hatten.

Der christliche Glaube auf dem Vormarsch

Trotz aller Anfeindungen zeigte die Missionierung durch die Jesuiten allmählich Wirkung, da die Epidemien viele Huronen tief verunsicherten. Die Missionare stellten jedoch zentrale Rituale der Huronen in Frage und unterminierten den Zusammenhalt der Dorfgemeinschaften ebenso wie der Liga als ganzer. Denn durch die Christianisierung lenkten sie Loyalitäten um auf die kleine christliche Gemeinschaft unter ihrer eigenen Führung. Dies lässt sich etwa zeigen am Totenfest, einem der bedeutendsten Rituale der Huronen. Es fand in Abständen von etwa zwölf Jahren statt, meistens dann, wenn ein Dorf verlegt werden musste, weil der Boden ausgelaugt war. Aus diesem Anlass wurden die Toten ausgegraben und feierlich in einem gemeinsamen Grab wiederbestattet. Die Feierlichkeiten dauerten mehrere Tage und hatten eine eminent gemeinschaftsstiftende Wirkung.[17]

Als im Jahr 1635 das Dorf Ossosané, eines der größten Dörfer der Huronen, verlegt werden musste, grub jede Familie ihre Toten aus, „aber mit einer Sorgfalt und Hingabe, die nicht beschrieben werden können“[18]. Sie bedeckten sie mit den feinsten Gewändern und trugen sie teilweise von weit her in ihr Dorf. Dabei trauerten sie mit derselben Intensität wie an dem Tag, an dem die Toten ursprünglich beerdigt worden waren. Die Leichen waren in ganz unterschiedlichem Zustand der Verwesung und wurden nach der Exhumierung zunächst eingehend betrachtet und dann mit Biberfellen zugedeckt. Später wurden alle Fleischreste sorgfältig von den Knochen entfernt und zusammen mit den Biberfellen verbrannt.

Dies war für den jesuitischen Berichterstatter ein Anlass, darzulegen, wie sehr ihn dieser Umgang mit dem Tod und den Toten beeindruckte, wobei er die Vorgänge freilich ganz im Licht des christlichen Totenkults und im Hinblick auf die von den Jesuiten immer wieder gepredigte Eitelkeit des menschlichen Daseins interpretierte.

Die Huronen steckten die Knochen in Beutel und bedeckten sie mit besonders wertvollen und schönen Biberfellen, um sie dann in die Langhäuser zu tragen, wo die Lebenden ihren Toten ein Fest gaben. Dahinter stand der Glaube, dass jeder Mensch über zwei Seelen verfüge, von denen eine in den Knochen bliebe und nur im Fall einer Seelenwanderung in ein neugeborenes Kind übergehe. Die andere Seele jedoch trenne sich nach dem Tod vom Körper, bleibe aber bis zum Totenfest in der Nähe. Nach dem Abschluss des Fests jedoch entferne sie sich in das Dorf, in dem die Toten leben.

Zwei Tage vor dem eigentlichen Totenfest wurden die Knochenbeutel in eines der größten Langhäuser gebracht, wo die eine Hälfte an den Pfosten aufgehängt, die übrigen auf den Boden gelegt wurden. Dazu wurden reichlich Geschenke für die Toten ausgebreitet, während der *Chief* den Gesang eines verstorbenen Vorgängers, dessen Namen er trug, anstimmte. Da viele auswärtige Gäste geladen waren, gab es bei dem Fest auch allerlei Unterhaltungsangebote und immer wieder trafen größere Gruppen ein, die die Gebeine ihrer Toten mit sich trugen. Bevor die Zeremonie begann, kamen alle Verwandten, um sich von ihren Toten zu verabschieden, wobei sie die Knochen ein letztes Mal aus den Fellumhüllungen nahmen und ihre Trauer mit Tränen und Wehklagen offen zeigten.

Schließlich gingen alle zu dem großen Gemeinschaftsgrab, einer Grube, die drei Meter tief und etwa zehn Meter im Durchmesser war. Sie war umgeben von einem hölzernen Gestell, das wie eine Bühne aussah, die sich etwa drei Meter über dem Erdboden befand und von Pfosten überragt wurde. Zunächst wurden die Geschenke, etwa 1200 an der Zahl, für mehrere Stunden ausgestellt, um jedem Gelegenheit zu geben, sie zu bewundern. Auf ein Zeichen hin stürmten die etwa 2000 Anwesenden das bühnenartige Gestell, hingen die Knochenbeutel an den Pfosten auf und zogen sich wieder zurück, woraufhin alle Leitern entfernt wurden. Nur einige Chiefs blieben oben und verkündeten während der folgenden Stunden, welche Geschenke im Namen eines Toten an eine lebende Person gemacht wurden. Anschließend wurden der Boden und die Seitenwände der Grube ganz mit Umhängen aus insgesamt etwa 500 Biberfellen ausgelegt. Darauf wurden die Toten gebettet, wobei einige Männer in der Grube selbst die Knochen und Leichenreste arrangierten und in die Mitte drei große Kessel legten, die offenbar für die Versorgung der Toten gedacht waren. Viele der Toten wurden zudem mit Schmuck bedeckt. Die Grube war am Ende fast voll und wurde anschließend mit Holzstücken, Pfosten und Sand zugeschüttet. Die Indianer legten Maisgaben auf die Grube, die Biberfelle verteilten sie als Dankgeschenke an die Zeremonienmeister oder nahmen sie wieder an sich. Bei diesem Totenfest wurden auch noch einige der christianisierten Huronen in der geschilderten Weise begraben. Doch das sollte sich bald ändern.[19] Die Jesuiten bekämpften in den folgenden Jahren dieses Ritual und machten es geradezu zur Bedingung für Konvertiten, sich nicht in dieser Weise beerdigen zu lassen, sondern nach christlichem Ritus. Die christianisierten Huronen entledigten sich damit einer der wichtigsten Bindungen an ihre Gesellschaft, die Solidarität der Christen untereinander wurde wichtiger als diejenige der Huronen als ganzer Gruppe.

In den Beschreibungen der Huronen-Gesellschaft durch die Jesuiten und in ihrer Missionsarbeit offenbart sich der grundlegende Widerspruch ihrer Tätigkeit. Gerade die Jesuiten bemühten sich darum, die Kultur derjenigen zu verstehen, unter denen sie missionarisch tätig werden wollten. Die Gründe dafür waren natürlich missionsstrategische, denn sie konzentrierten sich ganz auf ihr „Kerngeschäft“, die frohe Botschaft des Evangeliums und der Kirche, während sie das kulturelle Beiwerk hintanstellten, ganz im Sinn der Scholastik als Unterscheidung von Substanz und Akzidenz. Sie betrieben intensiv Sprachstudien und beobachteten genau, wobei sie sich redlich bemühten, Bräuche zu verstehen, selbst wenn sie sie abstoßend fanden. Das machte sie sicherlich noch nicht zu Vorläufern der modernen Ethnologie, verschaffte ihnen aber eine Reihe wichtiger Einsichten, die für ihre Arbeit als Missionare hilfreich waren. Gleichzeitig aber zerstörten sie durch ihre Missionstätigkeit die kulturellen Grundlagen dieser Gesellschaft, weil sie gegen fundamentale Tabus verstießen und in ihrer herausfordernden Diskussionsbereitschaft die Kosmologie der Huronen radikal in Frage stellten, ja ins Lächerliche zu ziehen bemüht waren. Die Folgen ihrer Tätigkeit blieben ihnen indes verborgen, da die Vorstellung von Gottes Eingreifen in den geschichtlichen Ablauf ihnen selbst für das katastrophale Ende der Huronen eine probate Erklärung gab.

Das Ende der Huronen

In den 1640er-Jahren zeigte die Gesellschaft der Huronen deutliche Anzeichen der Desintegration, die sich mit den Missionserfolgen rapide beschleunigte. Die Erfolge der Mission waren nicht zuletzt auf die Seuchen zurückzuführen, die die Bevölkerung dezimiert und verunsichert hatten. Immer mehr Menschen begannen, ihre Kosmologie in Zweifel zu ziehen und Alternativen zu akzeptieren. Die Todesorientiertheit der christlichen

Botschaft, das Heilsversprechen im Jenseits und die Aussicht auf Wiederauferstehung, die in der huronischen Religion nicht vorkamen, erhielten unter dem Eindruck des Verlusts vieler Familienangehöriger eine neue Qualität und Verlockung. Außerdem hatten die Jesuiten ein ganz profanes Mittel der Religionspropaganda angewandt, als sie bei der Verwaltung in Quebec durchsetzten, dass nur Christen Feuerwaffen kaufen durften.

Im Jahr 1642 zeigten sich Konvertiten erstmals nicht mehr bereit, an den zentralen gemeinschaftsstiftenden Ritualen teilzunehmen. In manchen Fällen brachen sie demonstrativ aus, verweigerten den Kriegshäuptlingen den Gehorsam und suchten herannahende Feinde in einer anderen Himmelsrichtung, als der Schamane ihnen geweissagt hatte. Je größer die Zahl der Christen wurde, umso eher konnten sie sich ein solches Verhalten leisten, ohne Sanktionen befürchten zu müssen, zumal sich mittlerweile hoch angesehene Männer zur neuen Religion bekannten. Das Ergebnis war die Katastrophe der Huronen, die im Jahr 1648, just als auf der anderen Seite des Atlantik der Dreißigjährige Krieg beendet wurde, das Ende ihrer Liga besiegelte.

In diesem Jahr holte die Irokesenliga zum entscheidenden Schlag aus, als mehrere Hundert Krieger im Winter über den Ontariosee übersetzten und durch die Wälder in das Huronengebiet vordrangen. Dergleichen war unerhört, da im Winter wegen des hohen Schnees normalerweise kein Krieg geführt wurde. Den Irokesen kam der Überraschungseffekt zugute, vor allem aber die Uneinigkeit der Huronen, die eine koordinierte Gegenwehr verhinderte. Darüber hinaus verfügten die Irokesen seit kurzem über Gewehre, die ihnen der Gouverneur von Neu-Amsterdam, Pieter Stuyvesant, verschafft hatte. Die Irokesen waren zwar keine guten Schützen, aber allein der Besitz und das Abfeuern der Waffen reichte aus, um die Huronen in Panik zu versetzen. Dabei fielen die Patres Jean de Brebeuf und Gabriel L'Allemant in die Hände der Irokesen, die sie zu Tode marterten. Bei dieser Prozedur taten sich ehemalige Huronen, die als Kriegsgefangene von den Irokesen zwangsadoptiert worden waren, mit besonderem Hass hervor, was als Hinweis darauf gelesen werden kann, dass sie sehr wohl durchschauten, warum die Huronen plötzlich den Irokesen so deutlich unterlegen waren. Denn als Brebeuf während der Folter nicht aufhörte, zu seinen Peinigern zu predigen,

> war ein elender huronischer Renegat – der als Gefangener bei den Irokesen geblieben war und den Pater de Brebeuf zuvor belehrt und getauft hatte - irritiert, als er ihn vom Paradies und der Heiligen Taufe sprechen hörte und sagte, ‚Echon', das ist der Name von Pater de Brebeuf auf Huronisch, ‚du sagst, dass die Taufe und die Leiden in dieser Welt direkt zum Paradies führen; dahin wirst du bald gehen, denn ich werde dich jetzt taufen, um dich leiden zu lassen, damit du schneller in dein Paradies kommst.' Nachdem er so gesprochen hatte, nahm der Barbar einen Kessel voll kochenden Wassers, den er auf drei verschiedene Weisen über seinen Körper goss, um die Heilige Taufe zu verhöhnen.[20]

Die Irokesen waren über die Wirkung ihres Angriffs selbst überrascht, da sie nach dem ersten unerwarteten Erfolg, der in der Vernichtung eines gut befestigten Dorfs kulminierte, kurz entschlossen nachstießen und schließlich das Hauptquartier der Jesuiten, eine befestigte Palisadensiedlung am Huronsee, angriffen. Zwar konnten diese sich und eine vergleichsweise große Zahl von Huronen rechtzeitig auf eine vorgelagerte Insel evakuieren, doch setzten die Irokesen nach. Die Mehrzahl der Huronen wurde gefangen, in das Irokesengebiet verschleppt und dort zwangsadoptiert. Sie wurden dadurch zu Irokesen, was diesen,

Jesuitensiedlung St. Marie-among-the-Hurons. Das Hauptquartier der jesuitischen Huronenmission wurde in den 1940er-Jahren ausgegraben und rekonstruiert. Die Holzbauten waren mit Palisaden gegen Angriffe geschützt, doch fiel die Siedlung dem Kriegszug der Irokesen 1648 zum Opfer.

die aufgrund der Seuchen ebenso viele Menschen verloren hatten wie ihre Gegner, sehr zustatten kam. Viele Huronen wurden getötet, kleinere Gruppen schlugen sich Richtung Westen zu anderen Indianergemeinschaften durch und einigen wenigen gelang zusammen mit den überlebenden Jesuiten die Flucht nach Quebec, wo ihre Nachkommen außerhalb der Stadt noch heute leben.

Während es den Karanga des *Mwene Mutapa*-Reichs gelungen war, die Missionare weitgehend von sich fernzuhalten, erfolgte die Desintegration der Huronenliga aufgrund der viel engeren Verknüpfung von Handel und Mission. Staatenlose Gesellschaften wie die der Huronen und Irokesen waren besonders kriegerisch, weil jeder Mann ein Krieger war und die Freiheit sowohl gegen machtlüsterne Individuen der eigenen Gemeinschaft als auch gegen gemeinsame äußere Feinde verteidigen musste. Darum waren sie militärisch schwer, aber ideologisch leichter zu überwinden. Umgekehrt konnte eine geschichtete Gesellschaft wie die der Karanga sich gegen die Mission länger und besser zur Wehr setzen, da die religiöse Autorität im Erbcharisma des Herrschers gebündelt war und er aufgrund seiner Autorität die Konversion seiner Untergebenen unterbinden konnte. Die segmentäre Gesellschaft der Irokesen und Huronen wurde von gemeinschaftsstiftenden und -erhaltenden Ritualen zusammengehalten. Sobald diese Rituale nicht mehr von allen anerkannt wurden, war die Gesellschaft der Desintegration und dem Zerfall ausgesetzt. Den Irokesen sollte nur wenig später dasselbe passieren wie den Huronen vor ihnen, da die ganze missionarische Hingabe der Jesuiten sich nun auf sie konzentrierte. Schon im späten 17. Jahrhundert verschwanden die Langhäuser, um die herum sich das soziale Leben organisiert hatte, aus ihren Dörfern.

Nachdem die Huronen aus ihrer Schlüsselstellung entfernt waren, kehrte sich der Handel in Nordamerika um, denn nun

Rückbesinnung auf die Ahnen

Die Irokesen und Huronen zählten zu den sogenannten „segmentären Gesellschaften“. Deren Hauptkennzeichen ist das Fehlen sozialer Hierarchien. Die Gesellschaft ist in Abstammungseinheiten von einem realen oder mythischen Ahnen gegliedert, wobei diese Einheiten in ihrer Grundstruktur gleich sind und wie Bienenwaben als Segmente aneinandergereiht sind. Zusammengehalten werden sie über komplizierte Heiratsmuster sowie religiöse Rituale. Das grundsätzliche Gegenmodell zu segmentären, herrschaftsfreien Gesellschaften sind geschichtete, sogenannte „stratifizierte Gesellschaften“ wie z. B. diejenige der Franzosen im 17. Jahrhundert.

ergriffen die Weißen die Initiative und zogen nach Westen in die Indianergebiete, wo sie die Pelze direkt bei den Jägern einkauften. Die große Zeit der *coureurs de bois*, der französischen Waldläufer, begann nach der Katastrophe der Huronen. Damit zogen die Weißen die Kontrolle über einen Handel an sich, den bis dahin die Indianer dominiert hatten. Die Wege führten die Waldläufer immer weiter von Montreal nach Westen, den Jagdgründen und den Flussläufen folgend.

Ein Jahrhundert später, 1763, wechselte Kanada den Besitzer und kam unter britische Herrschaft, während das bisherige britische Amerika sich wenig später als Vereinigte Staaten unabhängig machte. Auch die *coureurs de bois* rekrutierten sich nunmehr aus Franzosen, Engländern und Schotten. Einer der Letzteren, Alexander Mackenzie, erreichte 1795 als erster auf dem Landweg von Montreal kommend die Pazifikküste.

Der König und der Missionar: Die neue Welt der Ndebele

Die Ebene war mit Regenwasser vollgesogen, und der Boden, meist schwarz, war so klebrig, dass sich um jedes der Räder eine feste Masse legte, die so erstaunlich fest war, dass es fast unmöglich war, den Lehm wieder abzubekommen. Jeder Schritt, den die Ochsen machten, ließ die Räder noch größer werden, bis sie kaum noch gehen konnten. Wir hatten keine Alternative, als uns auf die erhöhte Fläche zuzubewegen, wo der Boden sandiger und freier war.“[1]

Robert Moffat (1795–1883) war ein praktisch veranlagter Mann. Als Missionar aus einfachen Verhältnissen in Schottland beherrschte er zahlreiche handwerkliche Fertigkeiten, wie ein Verbreiter des Evangeliums sie sich aneignen musste, wenn er Hunderte von Kilometern jenseits der südafrikanischen Kolonialgrenze überleben wollte. Im Jahr 1820, hatte er sich in Kuruman niedergelassen, einer Missionsstation in der Halbwüste, die heute zu Südafrika gehört. Eine starke Frischwasserquelle war die Hauptattraktion für die Bevölkerung der Umgebung, sodass es sich anbot, eine Missionsstation dort anzulegen, wo ohnehin viele Menschen lebten und wo zudem auch der Missionar für seine eigene Versorgung Zugang zu Wasser hatte. Denn eine Missionsstation war ein formidabler Betrieb, der neben dem Missionshaus aus Feldern und Gärten sowie zahlreichen Werkstätten bestand, in denen Missionshelfer und Moffats

Frau Mary die Afrikaner in verschiedenen Handwerken, in Lesen und Schreiben sowie natürlich in der Kenntnis der Bibel unterrichteten. Moffat betrieb eine Druckerpresse, um Bibeln herzustellen, und er hatte eine Kapelle errichtet, die zu seiner Zeit das größte Gebäude im südlichen Afrika war.

Der schottische Missionar hatte sich eine recht umfassende Bildung angeeignet und verfügte über ein bemerkenswertes Sprachtalent. Nach frustrierenden Anfangsjahren war es ihm gelungen, die Sprache der Afrikaner, die er zum Christentum bekehren wollte, zu meistern, eine Grammatik zu entwickeln und nach und nach die gesamte Bibel ins Setswana zu übersetzen, eine Großtat, die ihm in Missionsgeschichten ebenso einen Platz sicherte wie die Tatsache, dass er Schwiegervater und Mentor des noch berühmteren David Livingstone werden sollte.

Ja, ein Missionar im 19. Jahrhundert war kein stationärer Gottesmann, sondern ein mobiler Verbreiter der frohen Botschaft. Moffat war also in evangelikaler Mission unterwegs, als seine Ochsenwagen in der fetten dunklen Erde eines Gebiets versanken, das später den Namen Transvaal erhielt. Zur Zeit von Moffats Reise, im Jahr 1829, war dieses Land in der Hand der Afrikaner, von denen viele noch nie einen Weißen gesehen hatten.

Dies galt auch für einen mächtigen König, der im Landesinneren lebte und dort angeblich Angst und Schrecken verbreitete. Ein alarmierender Bericht stammte aus der Feder von Moffats Vorgesetztem John Philip, seit 1822 Superintendent der *London Missionary Society* in Südafrika. Er brachte das Bild von der afrikanischen Despotie auf den Punkt:

> Mzilikazi ist einer der außergewöhnlichsten wilden *Chiefs*, von denen wir in den modernen Zeiten gehört haben. Seine Ambition ist grenzenlos. Er führt nicht Krieg um Rinder, sondern die erbeuteten Rinder, die er den unterworfenen

> Völkern wegnimmt, schätzt er nur als Voraussetzung für weitere Eroberungen. Machtgier und der unersättliche Durst nach dem Ruhm des Eroberers sind seine größten Leidenschaften. [...] Seine Herrschaft ist ein vollendeter Despotismus, die Strafen, die er insbesondere für fehlenden Mut bei seinen Soldaten verhängt, sind schrecklich. Aber trotzdem wird er von seinem Volk wie ein Gott verehrt, und die ganze Nation ist von morgens bis abends ständig damit beschäftigt, den Ruhm Mzilikazis zu besingen.[2]

Wir wissen heute, dass Philip diesen Bericht auf der Grundlage bloßer Gerüchte schrieb und dabei bewusst dramatisierte, weil die Nachbarn Mzilikazis, das „Mischlingsvolk“ der Griqua, sein bevorzugtes Missionierungsobjekt darstellten und er die Kapkolonie dazu bewegen wollte, sie als Bollwerk gegen Mzilikazi und als Verbündete anzuerkennen, um auf diese Weise ihren Landbesitz vor expansiven weißen Farmern zu schützen. Dagegen berichtete Feldkommandant Tjaart van der Walt, der von den Behörden ausgesandt wurde, um diese Nachrichten zu

Die vielen Namen des Königs

Der Name des Ndebele-Königs bedeutet soviel wie „Der große Weg“ oder „Die große Straße“. Da die Ndebele sehr heterogener Herkunft waren und große Räume durchwanderten, wurde der Name ihres Königs von der jeweiligen lokalen Bevölkerung unterschiedlich gehört und verstanden. Das Ergebnis war, dass der mehrsilbige Name in einer rekordverdächtigen Zahl von mehr als 340 Schreibweisen in den Quellen auftaucht. Erst mit der Verschriftung und Standardisierung afrikanischer Sprachen durch die Missionare setzte sich die heutige einheitliche Schreibweise „Mzilikazi“ durch.

überprüfen, ganz anderes, nämlich dass die Griqua keinen Angriff befürchteten und Mzilikazi nicht für besonders aggressiv hielten, solang man ihn in Ruhe ließ. Wer war dieser Mzilikazi?

Mzilikazis genaues Geburtsdatum ist unbekannt, aus den Schätzungen seines Alters durch Besucher kann man nur schließen, dass er im letzten Jahrzehnt des 18. Jahrhunderts geboren wurde. Sein frühes Leben, über das wir nur sehr unzureichend informiert sind, spielte sich im Kontext tiefgreifender Veränderungen in seiner Heimat, der Ostküste des südlichen Afrika, in der heutigen südafrikanischen Provinz Natal, ab. Man hat diese kriegerischen Veränderungen lange Zeit als ein historisches Großereignis unter dem Namen *Mfecane* gefasst, was soviel heißen soll wie „die große Zerschmetterung". Dieser afrikanische Begriff erweckt den Anschein, als lasse sich hier ein afrikanisches Bild von der eigenen Geschichte erkennen, doch der Ausdruck stammt von dem weißen südafrikanischen Historiker Eric Walker und hat als scheinbar authentischer Terminus Eingang in die spätere Historiografie gefunden. Damit wurde ein Gesamtzusammenhang verschiedener Ereignisketten im frühen 19. Jahrhundert behauptet, deren Grundursache in der Expansion des Zulu-Reiches zu finden sein soll. Die neuere Forschung sieht im Zulu-Reich jedoch eher das Ergebnis als die Ursache eines Zentralisierungsprozesses, der sich spätestens seit der Mitte des 18. Jahrhunderts im östlichen Südafrika konstatieren lässt. Ausgelöst wurde er durch die militärische Expansion und den intensivierten Handel seitens der Kapkolonien und deren Fernwirkung auf die afrikanischen Völker. Die Zentralisierung war bei den Zulu und ihnen kulturell nahe verwandten Völkern wie den Ndebele mit einer militärischen Neuerung verbunden. Dies waren die *amabutho*, traditionelle Initiationsgruppen etwa gleichaltriger Jugendlicher, die für einige Zeit von älteren Männern auf ihre Pflichten als Erwachsene vorbereitet wurden.

Ndebele-Krieger in Paradekleidung, die normalerweise im Kampf nicht getragen wurde. Sie sind mit Speeren und Knotenstöcken sowie großen Schilden aus Ochsenhaut bewaffnet.

Diese Gruppen wurden in militärische Formationen umgewandelt und unterstanden dem direkten Befehl des Königs. Damit wurden die untergeordneten *Chiefs* eines eigenen Machtapparats beraubt und eine Militärformation von großer Schlagkraft geschaffen, die den Bewohnern der Ostküste die Überlegenheit über alle Nachbarn sicherte.

Außerdem hatte sich die Kampftechnik geändert. Bis dahin waren die Kriege verhältnismäßig unblutig verlaufen, da die Gegner aus einiger Entfernung Speere aufeinander schleuderten, denen sie leicht ausweichen oder die sie mit ihren Schilden aus Ochsenhaut abwehren konnten. Doch einige Jahrzehnte früher war ein neuer, kurzstieliger Speer in Gebrauch gekommen, der als Nahkampfwaffe benutzt wurde, wodurch die Kriege wesentlich blutiger und opferreicher geführt wurden als zuvor.

Im Verlauf dieses Konzentrationsprozesses kam es zu Fluchtbewegungen und Verdrängungen von *Chiefdoms*, die sich nicht in das Zulu-Reich eingliedern lassen wollten. Einer dieser *Chiefs* war Mzilikazi, der in der Zeit zwischen 1821 und 1823 auf das südafrikanische Hochplateau auswanderte. Nach einer Reihe von Eroberungszügen, mehrfachen Wohnortwechseln und damit verbundenen Wanderungen ließ sich das Volk Mzilikazis, die Ndebele, im westlichen Transvaal, in einem langgestreckten Tal nieder, in dem einige Jahrzehnte später die Buren ihre Hauptstadt Pretoria erbauten. Innerhalb von nur acht Jahren war Mzilikazis ursprüngliche Anhängerschaft von 200–500 Anhängern auf 20 000 Menschen angewachsen. Der König verteilte seine Rinder an Gruppen junger Krieger, die sie in den Randgebieten seines Reichs hüten mussten, um eine ökologische Überlastung zu verhindern, und die gleichzeitig als militärische Einheiten die Grenzen bewachten.

Doch ein Angriff der Zulu, der in einer verlustreichen Schlacht viele Menschenleben kostete, bewog Mzilikazi dazu, 1837 das Land zu verlassen und mit seinem gesamten Volk Richtung Norden abzuziehen.

Nach mehrjähriger Wanderung, die Teile der Ndebele bis tief in die nördliche Kalahariwüste führten, erreichten sie schließlich neue Siedlungsgebiete im Südwesten des heutigen

Das Zulu-Reich

Im frühen 19. Jahrhundert entstand im Osten Südafrikas das mächtige Reich der Zulu. Durch die Einbettung in längere Zeitabläufe konnte die neuere Geschichtsforschung die Personalisierung auf den Gründerheros Shaka als kolonialen Mythos über afrikanische Tyrannei entlarven. Das Zulu-Reich war als Militärmacht zu besonders langer Gegenwehr gegen die weiße Kolonialmacht in der Lage. Erst 1879 wurde es in verlustreichen Schlachten von der britischen Armee bezwungen.

Simbabwe, wo sie sich niederließen und ein neues Reich eroberten. Die ortsansässige Bevölkerung wurde integriert und über die *amabutho*-Struktur in relativ kurzer Zeit kulturell und sprachlich assimiliert. Jedenfalls hat dieses Volk, das aus einer ausgesprochen heterogenen Menschenansammlung hervorging, eine solche Kohärenz entwickelt, die von den zahlreichen militärischen Erfolgen gespeist wurde, dass sie sogar das gewaltsame Ende der nur aus Mzilikazi und seinem Sohn Lobengula bestehenden Königsherrschaft überlebte.

Mzilikazi zog mit seinem Volk über einen Zeitraum von 20 Jahren umher, immer wieder unterbrochen von Ruheperioden, in denen gesät und geerntet wurde. So zeigen uns die Quellen eine bemerkenswert stabile und unangefochtene Herrschaft, selbst als Mzilikazi erkrankte und im Alter über lange Jahre dahinsiechte. Er starb am 6. September 1868 einen friedlichen Tod nach einer nahezu 50 Jahre währenden Herrschaft.

„König der Könige“

Mzilikazi war zu seiner Zeit und bis in die jüngste Vergangenheit einer der am schlechtesten beleumundeten Politiker des südlichen Afrika. Dies lässt sich selbst am Umgang mit seinem Namen ablesen, der soviel heißt wie „der große Weg“ oder „die große Straße“.[3] Bezeichnenderweise hat der südafrikanische Apartheid-Ethnologe Peter Becker, der bislang einzige Biograf Mzilikazis, diesen Namen, dessen Bedeutung er genau kannte, für den Titel seines Buchs umgeändert in *Path of Blood*. Damit brachte er eine mehr als hundertjährige Tradition der Geschichtsschreibung auf den Punkt, die sich im Bedeutungsfeld von Despotie und Tyrannei bewegt.

Im 19. Jahrhundert wurden die noch unabhängigen afrikanischen *Chiefs* leicht zum Gegenstand solcher Beschimpfun-

Loyalität zum König

Wie die meisten Völker des südlichen Afrika benannten sich die Ndebele nach einem Gründerheros, nämlich Mzilikazis Vater Machobane. Der Name *Matabele* oder *Ndebele* ist eine von ihnen lange Zeit abgelehnte Fremdbezeichnung, mit der die Bevölkerung des Landesinneren sie belegte. Er bedeutet „Leute aus dem Osten" und wurde erst zögerlich im späten 19. Jahrhundert als Selbstbezeichnung akzeptiert. Diese Völker verstanden sich demnach nicht als Ethnien im Sinn kultureller Gemeinschaften, als die die Europäer sie wahrnahmen. Vielmehr war ihre Organisationsform das *Chiefdom*, d. h. die Loyalität zu einem bestimmten *Chief* oder König war das zentrale identitätsstiftende Merkmal. Kulturell definierte Ethnizität ist im Wesentlichen erst das Ergebnis der Kolonialgeschichte.

gen. Die Interessengruppen, die für das verantwortlich waren, was man als historiografischen Rufmord bezeichnen könnte, lassen sich relativ problemlos identifizieren: Während weiße Händler den Zulu-König Shaka zum Despoten stempelten, wurden die an der Kolonialgrenze lebenden Xhosa von Militärs und Siedlern zu unbezähmbaren Wilden erklärt.[4] Lange Zeit übernahmen Historiker kritiklos diese Bilder und popularisierten sie. Im Fall Mzilikazis lässt sich sein schlechter Ruf eindeutig auf die Missionare zurückführen.

So veranlassten Gerüchte, dass „Masalikatzi eine Vorliebe für die Häute weißer Männer als Milchbeutel" hätte, die beiden deutschen Missionare Kraut und Gebel, eine Reise zu den Ndebele vorzeitig abzubrechen.[5] Selbst Robert Moffat, der sich der Zuneigung Mzilikazis stets sicher sein konnte, vertraute noch während seiner letzten Reise im Jahr 1859 seinem Tagebuch an:

> Es bedarf aller Höflichkeit und Geduld, die man aufbringen kann, wenn man es mit einem Despot wie Moselekatse zu tun hat. Sogar seine Übersetzer scheinen Angst zu haben, selbst die einfachsten Dinge, die wir ihm mitteilen möchten, auszusprechen. Wie heruntergekommen und gemein er auch äußerlich erscheinen mag, er besitzt eine furchterregende Macht.[6]

Über eines waren sich allerdings alle Zeitzeugen einig, nämlich dass Mzilikazi eine militärisch wie politisch außergewöhnlich begabte Persönlichkeit war. Ungeachtet der Bewertungen lässt sich aus den Beschreibungen Mzilikazis und seiner Handlungen das Bild eines Herrschers gewinnen, der zwar kriegerisch, aber nicht kriegslüstern war, dessen Erfolgsgeheimnis darin lag, dass er Sicherheit gewährleistete. Er war durchaus bereit, Gnade vor Recht ergehen zu lassen, während seine Gewaltexzesse, wenn die Berichte nicht nur auf Hörensagen beruhen, sich auf die außerhalb der Rechtsordnung stehende Verfolgung von Hexen beziehen, die in der Tat brutal war.

Das erste Porträt des Mannes stammt von Moffat, der ihn nach seinem ersten Besuch, als Mzilikazi etwa Mitte 30 war, wie folgt beschreibt:

> Von Gestalt ist er eher unterdurchschnittlich groß, kräftig, er hat einen angenehmen und weichen Gesichtsausdruck und ist außerordentlich leutselig. Seine Stimme ist sanft und feminin, und Fröhlichkeit ist sein beherrschender Zug. Er scheint nicht von Leidenschaft besessen zu sein, und es ist ein Glück für seine Leute, dass dies nicht so ist. Denn wäre er es, dann würden viele durch seine Zornausbrüche vernichtet werden. Von seiner äußeren Erscheinung her würde man ihn tatsächlich für alles andere als einen Tyrannen halten.[7]

Direkt danach schreibt er aber: „Noch nie bin ich solch wilden und entarteten Gemütern begegnet, einer so eisernen Herrschaft und rücksichtslosen Grausamkeit."

Der Reisende Harris, der ihn ebenfalls in Mosega besuchte, berichtet über ihn wie folgt: „Der Gesichtsausdruck des Despoten, obwohl einzigartig gerissen, verschlagen und misstrauisch, ist keineswegs unangenehm. Seine Figur ist groß, gut gewachsen und muskulös, aber wegen fehlender Übung zeigt er eine Neigung zur Korpulenz. [...] Er schien 40 Jahre alt zu sein, aber weil er völlig bartlos war, war es schwierig, sein Alter korrekt einzuschätzen."[8]

Es fällt auf, dass die meisten Besucher von Mzilikazi persönlich angetan waren, einige wie der Missionar John Mackenzie ihn sogar ausgesprochen positiv darstellten, als er betonte, dass der König einfühlsam und mitleidig sei und dass er sich sehr liebevoll mit einem Kind beschäftigt hätte.[9]

Das Bild der Despotie Mzilikazis lässt sich bei genauerem Hinsehen weniger auf beobachtetes grausames Verhalten zurückführen, als vielmehr auf die mit Befremden zur Kenntnis genommenen Preisgesänge und Ehrennamen wie „Der große Elefant, der große Löwe, König der Könige", die immer ausgerufen wurden, wenn er sich irgendwo zeigte.

Missionar trifft auf König

Da sich etliche Weiße außerhalb der Kolonialgrenzen bewegten, um ihren Tätigkeiten als reisende Händler, Großwildjäger, Missionare und Forschungsreisende nachzugehen, war es fast unausweichlich, dass Mzilikazi früher oder später in Kontakt mit ihnen kommen würde. Im Jahr 1829 besuchte ihn als einer der ersten der Mann, dessen Ochsenwagen sich ihren Weg durch die klebrige, nasse Erde bahnten. Mzilikazi hatte

Boten nach Kuruman gesandt und um Moffats Besuch gebeten. Wie sich später herausstellte, war er nicht besonders an der christlichen Botschaft interessiert. Vielmehr hatte er bei anderen *Chiefs* beobachten können, dass Missionare oft nützlich waren, als Vermittler, die Streit schlichten konnten, die Beziehungen zur Kapkolonie herstellten und die ihm Zugang zu westlichen Waren verschafften. Andere *Chiefs* versprachen sich von der Anwesenheit eines Missionars überdies Schutz vor mächtigen und bedrohlichen Nachbarn.

Moffat näherte sich auf seiner anstrengenden und mühevollen Reise allmählich dem Wohnsitz Mzilikazis. Dieser konnte es gar nicht erwarten, den Weißen endlich kennenzulernen und ließ ihm deswegen Boten entgegenschicken, dass er unverzüglich seinen Gefährten voranreisen und den Herrscher aufsuchen solle. Der Missionar folgte diesem Wunsch und eilte seinen langsam nachfolgenden Begleitern voraus. Nach der Begrüßung und dem Austausch von Höflichkeiten erhielten sie die Mitteilung, dass Moffats Ochsenwagen eingetroffen waren. Und jetzt passierte etwas, wovon andere Missionare immer träumten:

> Moselekatse lehnte sich während des Gehens mit der größten Vertraulichkeit auf meinen Arm. [...] Als die Wägen näherkamen, schien er höchst erstaunt zu sein und trat unwillkürlich zurück, wobei er mich mitzog. Er schaute ihre Bewegung an, vor allem die Räder, bis er aussah wie jemand, der zweifelt, ob sie nicht sogar lebendig seien. Als sie hielten und die Ochsen aus dem Joch gelassen wurden, trat er vorsichtig näher, hielt mich mit festem Griff der einen Hand, während er die andere vor seinen Mund hielt. Zuerst sprach er wenig, aber er untersuchte sie, vor allem die Räder, sehr genau.[10]

Schöner konnte es für einen Missionar gar nicht kommen, etwas Besseres konnte er seinen Missionsoberen und den Lesern seiner Aufzeichnungen gar nicht präsentieren: Der Europäer bringt den Wilden das Rad! Der Inbegriff menschlichen Fortschritts kommt mit den weißen Missionaren zu einem König, dessen Wildheit aufgrund seiner Unkenntnis des Rads jeder Beschreibung spottet. Es ist geradezu die Urszene der Zivilisationsmission, die Begegnung von Prospero und Kaliban.

Doch bei genauerem Hinsehen ergibt sich ein ganz anderes Bild. Warum schaute sich Mzilikazi die Reifen der Räder so genau an? Und schließlich: Warum war ihm so daran gelegen, selbst einen solchen Wagen zu besitzen, dass er Moffat beim Abschied dringlich darum bat, ihn nicht nur bald wieder zu besuchen, sondern ihm dann aus der Kapkolonie ein solches Gefährt mitzubringen? Warum verbrachte Mzilikazi später so viel Zeit auf dem Wagen, den Moffat ihm tatsächlich als Geschenk mitbrachte? Warum hörte er sich die Preisgesänge auf seine Heldentaten in späteren Jahren mit Vorliebe an, wenn er auf

Aquarell von Charles Bell, einem bekannten Maler der Kapkolonie, der Andrew Smith auf seiner Reise zu Mzilikazi 1834–1836 begleitete. Es zeigt Mzilikazi auf einem Ochsenwagen sitzend, wie er seinen Preissängern lauscht.

dem Wagen saß? Warum wurde der Wagen nach seinem Tod sogar zerlegt und als Grabbeigabe in die Felsengrotte gelegt, die Mzilikazis letzte Ruhestätte wurde?[11]

Möglicherweise sah Mzilikazi in diesem Wagen etwas, was Moffat nicht erkennen konnte. Mzilikazi ordnete den Ochsenwagen mit seinen vier Rädern in seine eigene Herrschaftssemantik ein. Das Rad als Möglichkeit, den Transport von Menschen und Gütern zu erleichtern, imponierte ihm offenbar nicht besonders. Aber vielleicht das Rad als Symbol! Tatsächlich fällt auf, dass Mzilikazi nicht der einzige war, der sich einen Wagen zulegte, sondern auch der Nachfolger des Zulu-Königs Shaka, Dingane, besaß einen und verhielt sich ganz ähnlich wie der Ndebele-Herrscher. Bei den Zulu gab es ein Symbol, das die Einheit des Volks und Reichs darstellte und stets im Haus des Königs aufbewahrt und nur zu Beginn eines Kriegs für Immunisierungs- und Stärkungsriten der Krieger eingesetzt wurde. Es handelte sich um einen aus Gras geflochtenen Kranz, der in der Zulu-Sprache *Inkatha* hieß. Möglicherweise hat Mzilikazi, der schließlich aus derselben Gegend stammte wie Dingane, im Rad des Ochsenwagens genau dieses Symbol wahrgenommen. Da außerdem nur der Herrscher bei Audienzen auf einem Stuhl saß, konnte der Ochsenwagen zwei wichtige Symboliken vereinen: Den erhöhten Sitz des Herrschers und das Symbol der Einheit des Volks, deren Garant er selbst, Mzilikazi, war.

Missionierungsversuche scheitern

In Moffats Darstellung schlägt sich ein grundlegender Wandel im Selbstverständnis christlicher Missionare seit der frühen Neuzeit nieder, der weniger auf konfessionelle Unterschiede als vielmehr auf die Veränderungen der europäischen Gesellschaften zurückzuführen ist. Denn während die Jesuiten des 16. und 17. Jahrhunderts sich Erfolg davon versprachen, dass sie sich den Bräuchen der Einheimischen anpassten und sich auf die Verkündigung der christlichen Heilslehre konzentrierten, kamen die Missionare des 19. Jahrhunderts im Vollbesitz eines zivilisatorischen Überlegenheitsbewusstseins, das sie aus dem mittlerweile erreichten technischen und wirtschaftlichen Entwicklungsniveau Europas bezogen. Da die meisten Missionare wie Moffat selbst aus abstiegsgefährdeten sozialen Schichten stammten, wohnte dieser Überzeugung von der eigenen Überlegenheit ein kompensatorisches Moment und ein Stück beschwörende Selbstversicherung inne.

Moffat und seine Kollegen betrachteten Christentum und europäische Zivilisation als eine untrennbare Einheit, wobei sie die sozialen Normen ihrer eigenen Gegenwart absolut setzten und sie als genuin christlich verstanden. So nahmen sie bestimmte Praktiken der Afrikaner als unchristlich ins Visier, allen voran die Polygamie, die afrikanische Religion und Formen der geschlechtlichen Arbeitsteilung. Ihre Missionsbemühungen zielten immer auf das Zentrum der afrikanischen Gesellschaften ab, nämlich auf die *Chiefs*. Wenn sich diese nicht missionieren ließen und die Konversion ihres Volks unterbanden, wurden sie in den Missionsgazetten und Erbauungsschriften flugs zu afrikanischen Despoten.

Dabei ist zu bedenken, dass bei der Begegnung europäischer Missionare mit afrikanischen *Chiefs* nicht nur verschiedene Religionen aufeinandertrafen, sondern beide Seiten in ganz unterschiedlicher Weise soziale Ordnung und politische Herrschaft mit religiösen Vorstellungen verbanden. Den *Chiefs* wurde, wie es schon Jahrhunderte zuvor bei den Karanga zu beobachten war, ein Erbcharisma zugeschrieben, woraus eine besonders große Nähe zu übersinnlichen Mächten resultierte. Das ganze Streben eines Herrschers war darauf ausgerichtet, diese Fähigkeiten als Machtressourcen zur Stärkung seiner Autorität zu nutzen.

Darum geht es nicht nur um Missverständnisse, denn die Quellen zeigen, dass *Chiefs* und Missionare einander in einer Reihe zentraler Fragen sehr wohl gegenseitig durchschauten. Den Missionaren war rasch klar, dass Mzilikazi, als er sie rief, keineswegs von einem Interesse am christlichen Glauben motiviert war. Mzilikazi hatte eine erstaunliche Zuneigung zu Moffat entwickelt, und er bewunderte die handwerkliche Geschicklichkeit des schottischen Missionars, denn schließlich suchte er jemanden, der ihm seine Feuerwaffen reparierte.

Zunächst gebärdete sich Mzilikazi als eifriger Zuhörer, der die Bibelstunden und Predigten Moffats besuchte und sich aufmerksam anhörte, was er zu erzählen hatte.

Die christliche Vorstellung vom Leben nach dem Tod und der Wiederauferstehung sowie das Jüngste Gericht stießen auf sein besonderes Interesse. Damit sprach das Christentum ein tiefes Bedürfnis in einer Gesellschaft an, in der die stets wachgehaltene Erinnerung an die Vorfahren im Zentrum der sozialen Ordnung stand. Weil die afrikanischen Religionen auf die Frage nach der möglichen Überwindung des Todes keine Antwort hatten und das christliche Versprechen so verlockend war, fanden sich die Menschen des südlichen Afrika am ehesten zu diesen Aspekten des Christentums hingezogen. Das dürfte auch für Mzilikazi gegolten haben, der sehr an seinem verstorbenen Vater Machobane hing und dessen Kult als Gründer des Königreichs er ins Zentrum wichtiger gemeinschaftsstiftender Rituale stellte.

Mzilikazi durchschaute sehr genau die Konsequenzen, die die christliche Mission für seine Herrschaft haben musste. Wenn die Missionare immer wieder versuchten, den Afrikanern klarzumachen, dass Regenmachen und Ahnenkult reiner Hokuspokus seien, zeigten sich die *Chiefs* verständlicherweise alarmiert. Die missionarischen Versuche, monogame Ehen als allgemeine Norm durchzusetzen, waren subversiv, denn die afrikanischen *Chiefs* setzten polygame Eheschließungen als politische Ressource zur Allianzbildung und Friedensstiftung ein. Der Missionar John Mackenzie, der die Ndebele 1860 in Simbabwe besuchte, beschwerte sich beim König, dass in all den Jahren der Anwesenheit von Missionaren niemand lesen gelernt hätte. Die Antwort Mzilikazis, die er auf Nachfragen wiederholte, war: „Wir Matebele [Ndebele] mögen viele Frauen." Er erkannte in der Verkündigung der christlichen Botschaft eine Gefährdung der sozialen Ordnung:

> Er griff sich den nach Meinung der Matebele unpopulärsten Inhalt des ‚Wortes Gottes' heraus und schüttete seinen Spott darüber aus. Ich hörte von einigen seiner Leute, dass der *Chief*, nachdem wir ihn verlassen hatten, zum Amüsement seiner Gefolgschaft damit begann, ein lächerliches Bild davon zu entwerfen, wie die Matebele-Gesellschaft aussähe, wenn sie das Christentum annähme.[12]

Welche Gefahr für Mzilikazi die egalitäre Botschaft des Christentums darstellte, zeigt ein bezeichnender Vorfall: Als Robert Moffats Sohn in einer Predigt die Gleichheit aller Menschen vor Gott hervorhob, schrie Mzilikazi „zitternd vor Zorn": „Du bist ein Lügner!"[13] Aus den weiteren Tagebucheintragungen und Briefen der Missionare geht hervor, dass sie den Grund für Mzilikazis Reaktion nie begriffen.

Nachdem Mzilikazi in den späten 1830er-Jahren sein Königreich um etliche hundert Kilometer nach Norden in das Gebiet des heutigen Simbabwe verlegt hatte, besuchte ihn Moffat noch mehrmals, obwohl dem alternden Missionar die Strapazen der langen Reise zunehmend schwer fielen. Immerhin konnte er bei seinem letzten Aufenthalt 1859 Mzilikazi dazu bewegen, der Einrichtung einer Missionsstation zuzustimmen. Der König allerdings trug Sorge dafür, dass die Mission weit genug von den Siedlungszentren der Ndebele entfernt lag, um seine Untertanen von schädlichem Einfluss fernzuhalten, aber nahe genug, um die Missionare kontrollieren und für seine Zwecke einspannen zu können. Moffats Sohn John und seine Kollegen bemühten sich auf der Station Inyanti jahrelang, Seelen zu fischen. Doch sorgte Mzilikazi dafür, dass sie auf dem Trockenen saßen. Er verbot seiner Bevölkerung schlicht und einfach die Konversion, wie die Missionare später herausfinden mussten. Wenn deren Treiben ihm zu bunt wurde, zog er mit seinem gesamten Hofstaat einfach weg und ließ die Missionare in ihrer Isolation zurück.

In ihrem Übereifer verstanden die Missionare nur in den seltensten Fällen die Signale, die er aussandte. Stattdessen interpretierten sie diese als Zeugnisse seiner Verstocktheit, die wiederum nur Resultat der afrikanischen Despotie sein konnte, da in ihr der Herrscher selbst vergötzt würde. Wenn die Missionare sich als gar zu begriffsstutzig erwiesen, erhöhte Mzilikazi die Dosis. Der humorlose und bigotte Bostoner Missionar David Lindley konnte selbst in der folgenden Begebenheit nur ein Zeichen der Unbelehrbarkeit eines heidnischen Tyrannen erkennen:

> Heute Abend trank er mit uns Tee. Bevor wir das Getränk zu uns nahmen, dankten wir Gott, den wir immerdar als denjenigen anerkennen, der uns Gutes erweist. Während dies geschah, hörten der König und sein Gefolge schweigend zu. Sobald jedoch das kurze Gebet beendet war, brach ein allgemeines Gelächter um uns los, wobei der König selbst dabei ausrief: ‚Ote zintele', d. h. ‚Es ist gut'. In unseren Herzen bemitleideten wir sie ob ihrer Unwissenheit.

Da Mzilikazi sich anders benahm, wenn Robert Moffat predigte, lässt sich sein Verhalten in diesem Fall als gezielte Provokation interpretieren.

Die generelle Zurückweisung der christlichen Heilsbotschaft endete jedoch in dem Moment, als der erste afrikanische Missionar auftrat, womit die christliche Botschaft ihre exotische Fremdheit verlor, zumal dieser Konvertit bekanntermaßen weiter in polygamer Ehe lebte. Der Tswana-*Chief* Sechele, der einzige Konvertit, den David Livingstone, Schwiegersohn Moffats, jemals für das Christentum gewann, besuchte 1859 die Ndebele in Simbabwe und predigte ihnen. Diesmal zeigte sich Mzilikazi beeindruckt, wenn er auch in ganz anderer Weise reagierte, als sich die Missionare das erhofft hatten. Der König nahm regelmäßig an den Gottesdiensten Secheles teil und beschloss, nach dessen Abreise diese Rituale in eigener Regie fortzuführen. Er übertrug diese Aufgabe an Monyebe, denjenigen unter seinen Leuten, der seiner Meinung nach die Sitten der Weißen am besten kannte.[14] Mzilikazis plötzliches Interesse wurde vermutlich dadurch geweckt, dass Sechele ein *Chief* war, der mit seiner Missionstätigkeit zu erkennen gab, dass er über potenziell gefährliches spirituelles Wissen verfügte, sodass der Ndebele-König mit ihm gleichziehen wollte.

Obwohl sie unter ihnen lebten, entwickelten die Missionare kein Verständnis für die Gesellschaftsordnung der Ndebele, wie ihr anhaltender Kampf gegen die spezifische geschlechtliche Arbeitsteilung belegt. Die Frauen der Ndebele verstanden sich wie alle bantusprachigen Frauen im südlichen Afrika als Bäuerinnen, woraus sie auch ihren sozialen Status und ihr Selbstbild bezogen. Dieser manifestierte sich darin, dass sie aus dem von ihnen produzierten Getreide Bier brauten, dem eine große Bedeutung als Ahnenopfer zukam. Die Missionare dagegen setzten die ihnen vertrauten Geschlechterrollen im Europa des

19. Jahrhunderts absolut. Ihr Bestreben ging dahin, die Männer zu Bauern zu machen und die Afrikanerinnen zu Hausfrauen. Da einige Frauen Interesse an den Handarbeitskursen zeigten, die die Missionarsfrauen ihnen anboten, aber nicht an dem damit verbundenen Rollenverständnis, erlebten die Missionare ein Wechselbad aus ermutigenden Zeichen und Enttäuschung, wobei für Letztere immer der despotische Charakter des Ndebele-Reichs verantwortlich gemacht wurde. Moffats Sohn John, der dem König den Misserfolg der Mission anlastete, trug Jahrzehnte später dazu bei, Mzilikazis Sohn und Nachfolger Lobengula an Cecil Rhodes, den Gründer Rhodesiens, und andere goldgierige Europäer auszuliefern.

Ochsen für den König

Etliche Besucher Mzilikazis, insbesondere diejenigen mit einem militärischen Hintergrund, behaupteten, der König hätte seine Krieger mit Rindfleisch geradezu gepäppelt, um ihnen über diese Nahrung die nötige Aggressivität zur Kriegführung einzuflößen. Vermutlich projizierten die Briten die in ihrer Armee grassierenden Vorstellungen über den Zusammenhang des Verzehrs von Rindfleisch und militärischer Tapferkeit auf die Ndebele, denen sie ähnliche psycho-medizinische Spekulationen unterstellten, wie sie sie selbst betrieben. Die Quellen erzählen dagegen, dass die Ndebele sich in der Regel von Sauermilch, Getreide und Gemüse ernährten, Fleisch eher die Ausnahme war, und selbst dann meist das weniger gern gegessene Wild. Die Vorstellung, die Ndebele seien reine Fleischesser gewesen, rührte auch daher, dass man früher annahm, sie hätten nur vom Raub gelebt. Doch berichten zahlreiche Besucher von „immensen Getreidefeldern“[15], die sie sahen. Die Rinder gehörten zu einem erheblichen Teil dem König, sodass sie nur mit seiner Genehmigung geschlachtet werden durften. Darum war der Genuss von Rindfleisch eine besondere Vergünstigung für herausragende kriegerische Leistungen: „Zuweilen, wenn der König ein besonders fettes Tier schlachten lässt, ruft er die Tapfersten herbei und lässt sie essen, bis sie satt sind. Erst danach dürfen auch die anderen essen. [...] Die tapfersten Männer erhalten oft die besten Teile eines Ochsen vom König."[16]

Mzilikazi war wie die Herrscher im europäischen Mittelalter ein reisender König, der ständig in seinem Reich unterwegs war, um überall seine Autorität geltend zu machen und Gericht zu halten. Die europäischen Beobachter erregten sich über den großen Jubel, den seine Besuche auslösten und interpretierten ihn als Vergötzung eines Despoten. In Wirklichkeit hatte die Freude ihren Grund in der Gewissheit der Menschen, dass mit der Ankunft des Königs die Zeit des Mangels zu Ende war. Wohin der König kam, fanden regelrechte Schlachtfeste statt, wobei zuweilen bis zu 60 Ochsen an einem Tag getötet wurden.

> Nach Ankunft unserer Wägen tat dieser heidnische König alles in seiner Macht stehende, um unsere Bewunderung zu erregen. Er versammelte seine Leute, eine riesige Menge, die tanzte und sang, Rinder schlachtete und Bier in einem Ausmaß trank, dass die ältesten seiner Leute sagten, sie hätten dergleichen bei keiner früheren Gelegenheit gedurft.[17]

Moffat berichtet über ein Fest, das Mzilikazi anlässlich ihrer ersten Begegnung gab: „Bei solchen Gelegenheiten werden mehrere Ochsen geschlachtet und, wie mir erzählt wurde, manchmal sogar 100 auf einmal. Natürlich stopfen sie sich mit Fleisch voll, das sie mehr als alles andere mögen."

Ähnliches galt für das Bier, das von allen Ndebele konsumiert wurde. Für Mzilikazi wurde ein besonderes Bier gebraut, das er seinen Besuchern als Zeichen seiner Zuneigung anbot. „Lange Reihen von Frauen, die während des Gehens sangen, konnte man andauernd von den benachbarten Kralen mit Schalen dieses Nektars auf ihren Köpfen herankommen sehen." Nach Moffat handelte es sich dabei um „ein hervorragendes braunes Starkbier. Der Name ist zutreffend, denn zwei Becher davon waren für alle fast genug."[18] Die Mzilikazi nicht sehr gewogenen amerikanischen Missionare, die in dieser Zeit ebenfalls aktiv wurden, fanden dagegen, es sei „ein scheußliches Zeug"[19] und der Rassist Harris fand es gar „widerlich"[20].

Der König lädt zu Tisch

Die Rolle des Königs als Ernährer galt auch im Hinblick auf seine europäischen Besucher. Sobald sie die Grenze zu Mzilikazis Reich überschritten hatten, fühlte er sich verantwortlich für ihr Wohlergehen, wobei es zu einer spezifischen Form nonverbaler Kommunikation gehörte, durch Gaben von Bier und Fleisch kundzutun, ob und wie sehr sie willkommen waren. So berichtet Moffat, dass bei allen seinen Besuchen ständig Frauen mit Kalebassen voller Bier zu ihm kamen und der König ihm durch Boten Leckerbissen schicken ließ.

Wenn die Besucher eingetroffen waren und ihre Wagen abgestellt hatten, gingen sie zu einem sehr ritualisierten und formellen Besuch beim König, bei dem dieser sie bewirtete. Anschließend kehrten sie zu ihren Wagen und ihrem Lager zurück, wobei der König ihnen kurz darauf gekochtes oder gebratenes Fleisch schickte.[21] Niemals erhielten sie rohes Fleisch, denn dies hätte nicht nur als extrem unschicklich gegolten, sondern den König auch dem Verdacht der Hexerei ausgesetzt. Wenn er kein fertiges Gericht sandte, dann waren es lebende Schlachttiere, wobei auch hier Art, Größe, Zahl und Qualität der Tiere ein Zeichen für die Besucher sein konnte, wie es um ihr Ansehen

Mzilikazi im Kreis seiner Gäste. Rechts neben ihm sitzt Robert Moffat. Gemälde von Charles Bell.

bestellt war und wie willkommen sie Mzilikazi wirklich waren. So schrieb Moffat mit einigem Erstaunen über die Reaktion Mzilikazis nach einem Gespräch über religiöse Dinge, das er mit ihm geführt hatte: „Zu meiner großen Überraschung schenkte er mir direkt danach eine fette Kuh als Zeichen seiner Dankbarkeit für das, was ich ihm gesagt hatte.“[22]

Häufig kam der König jedoch gleich selbst zu einem Gegenbesuch, der in auffallendem Kontrast zur vorangegangenen Begegnung sehr informell und entspannt verlief, wobei er seinen oft bezeugten Sinn für Humor sowie sein Interesse an den mitgebrachten Geschenken offenbarte.[23]

Besucher empfing er auf einem der Stühle sitzend, die Moffat ihm besorgt hatte, während es die Missionare einige Mühe kostete, das Privileg des erhöhten Sitzes für sich selbst zu erkämpfen. Es gab eine klare Sitzordnung bei formalen Anlässen, ebenso wie der Ablauf der Mahlzeiten genau geregelt war und Mzilikazi aus Angst vor Hexerei stets sein eigenes Geschirr benutzte. Weiße Besucher waren zum Essen eingeladen;

was sie nicht selbst aßen, wurde zu ihren Wagen geschickt, denn nichts durfte zurückgehen. Als besondere Vergünstigung galt es, wenn ein Besucher aus dem Teller des Königs essen durfte. Dies wurde nur noch übertroffen durch die Ehre, die Fleischmahlzeit des Königs klein schneiden zu dürfen. Ähnlich wie der Stuhl war auch der Gebrauch des Messers bei Tisch ein Vorrecht Mzilikazis, der, wenn er die Weißen in ihrem Lager besuchte, mit Messer und Gabel umzugehen wusste. Alte Männer waren beim Fleischessen benachteiligt, weil ihre Zähne so schlecht waren, aber aufgrund ihres höheren Prestiges erhielten sie größere Anteile beim anschließenden Bierkonsum.[24]

Die Ernährungsweise der Missionare wiederum machte sie für die Afrikaner rätselhaft, vor allem weil sie frische Milch tranken. Gerade Moffat bestand darauf, weil er die von den Ndebele konsumierte Sauermilch ablehnte.[25] Da bei den Ndebele nur die Kinder süße, d. h. frische Milch tranken, kann man nur spekulieren, wie der Milchkonsum der Weißen von den Afrikanern wahrgenommen wurde, aber wir können sicher sein, dass es den fremdartigen Eindruck der Missionare und ihre Nähe zu übersinnlichen Kräften und Hexerei nur verstärken konnte. So berichtete Moffat am Ende seiner ersten Begegnung mit Mzilikazi: „Als die Zeit meiner Abreise naherückte, schien seine Anhänglichkeit in einem solchen Maß zuzunehmen, dass einige seiner Leute mutmaßten, ich hätte ihm eine Art Medizin gegeben, die bewirkte, dass er mich so liebte."[26]

Nicht allen Besuchern tischte der König kulinarische Köstlichkeiten auf. Mzilikazi nutzte die diplomatischen Finessen nonverbaler Kommunikation, um den amerikanischen Missionaren, die Moffat ihm geschickt hatte, gleich bei der Begrüßung zu vermitteln, dass sie unerwünscht seien. Was er ihnen präsentierte, geht hart an die Grenze dessen, was Ndebele-Gastfreundschaft erlaubte und ist gleichzeitig ein Beispiel dafür, wie urkomisch das Nichtverstehen der Missionare wirken kann, insbesondere wenn es so hochnäsig daherkommt wie im folgenden Beispiel:

> Kurz nach dieser Zeremonie befahl der König einem Mann, uns etwas Fleisch zu bringen, das, wie wir auf Nachfrage erfuhren, ein Stück eines Flußpferds war. Obwohl es in einigem Abstand von uns lag, konnten wir ohne Nachfrage feststellen, dass es halb verfault war. Wir dachten, dass wir, sollten wir auf solches Essen angewiesen sein, keinen bessern Eindruck von der Generösität seiner Majestät erhalten würden als vom Geruch seiner Jagdtrophäe, die wir gerade erhalten hatten. [...] Auf unserem Wagen thronend war er damit beschäftigt, seine eigene Größe vor den 50 oder 60 nackten Männern, die wie Affen auf dem Boden vor ihm saßen, herauszustreichen. Sie wiederholten alles, was sie hörten, mit unbeschreiblicher Servilität. Als diese Farce beendet war, stieg der König von unserem Wagen und ging zu einigen Ochsen, die in der Nähe grasten und wählte einen aus, der hergebracht und uns übergeben wurde. Seine Majestät erklärte uns, er mache uns dies Geschenk, weil er glücklich sei, dass wir gekommen seien, um bei ihm zu leben. Man könnte nun annehmen, dass wir jetzt einen besseren Eindruck von seiner Gastfreundschaft erhalten hätten. Es war tatsächlich gut zu wissen, dass wir nicht gezwungen sein würden, verwestes Fleisch zu essen, aber in diesem neuerlichen Geschenk konnten wir nichts Generöses erkennen, denn der Ochse war wahrscheinlich der magerste, den er besaß. Wir nahmen ihn jedoch mit Dank entgegen und erklärten gleichzeitig unserem Wohltäter, dass es Samstagabend sei und wir den Ochsen darum bis Montag zurücklassen würden.[27]

Der König als Kaufmann

Die Besucher klagten über die ständigen Versuche Mzilikazis, von ihnen so viele Geschenke wie möglich zu erhalten. Dabei zog er alle Register, hielt die Reisenden unter allen möglichen Vorwänden an seinem Hof fest oder gab sich ungnädig und schlecht gelaunt. Manchmal kam er auch unangemeldet und inspizierte die Habseligkeiten der Besucher höchstpersönlich, wie Harris zu seinem Leidwesen feststellen musste:

> Heute Nachmittag räkelte er sich auf Richardsons Bett, wobei sich seine kleinen dunklen Augen rastlos in alle Richtungen bewegten, als der wohlbekannte Klang einer Truhe, die unvorsichtigerweise geöffnet wurde, seine Aufmerksamkeit auf den Gepäckwagen zog. Er spitzte die Ohren, sprang hastig vom Bett und bevor Alarm gegeben werden konnte, hatte er beide Arme in der Truhe mit den Glasperlen. Nie werde ich den triumphierenden Ausdruck in seinem Gesicht vergessen. Während der Deckel auf seine Arme gefallen war und seine Idole seiner Sicht entzogen waren, tröstete er sich damit, dass er sie fühlen und sich ihre Farben vorstellen konnte, wobei er ekstatisch grinste und, wenn ein so schwacher Ausdruck seine Art des Fragens überhaupt wiedergeben kann, verlangte, sie alle zu bekommen.

Die 30 Pfund blauer und weißer Perlen erhielt er für das Versprechen, seine Besucher am folgenden Tag abreisen zu lassen.[28]

Die Glasperlen dienten der Herstellung von Schmuckgegenständen und als Zahlungsmittel, wobei Mzilikazi einen riesigen Bedarf hatte, um seine zahlreichen Frauen mit Schmuck auszustaffieren,[29] was natürlich in erster Linie der Zurschaustellung seiner eigenen Macht und Herrlichkeit dienen sollte. Moffat berichtet von seiner ersten Reise über einen Tanz, den

Wertvolle Handelsware

Glasperlen dienten in Afrika viele Jahrhunderte lang als Währung und Material für die Schmuckherstellung. Sie waren gerade nicht der wertlose Tand, mit dem ahnungslose Eingeborene von gerissenen europäischen Händlern übers Ohr gehauen wurden. Um die Bedeutung von Glasperlen angemessen einzuschätzen, ist es notwendig, auf den Wert zu sehen, den die Käufer ihnen zumaßen und nicht nur die europäischen Produktionskosten zu betrachten. Denn afrikanische *Chiefs* nutzten Glasperlen, um ihre Frauen mit Schmuck auszustatten, oft reservierten sie bestimmte Farben und Formen für sich. Doch änderten sich auch häufig die Moden, sodass Händler manchmal auf ihrer Ware sitzenblieben.

Mzilikazi zu seinen Ehren veranstaltete und zu dem er sich in Schale warf:

> Bei dieser Gelegenheit trug er [...] kleine Perlenketten verschiedener Farbe, die ihm von den Hüften hingen, während er über jeder Schulter 15 Pfund schwere Perlengehänge hatte, die sich über seiner Brust kreuzten und bis zu den Füßen reichten. Er fühlte offenbar ihr Gewicht, denn er lehnte sich des Öfteren auf meine Schulter oder meinen Arm.

Einige Dutzend von Mzilikazis Frauen tanzten getrennt von den übrigen: „Ihr Äußeres belegte hinreichend, dass sie vom Reichtum des Landes lebten, und starke Schweißausbrüche ließen erkennen, dass sie all ihre Kraft aufwenden mussten, um die Ladungen Perlen zu tragen, die ihren Hauptschmuck darstellten.“[30]

Weil es im Gegensatz zu Westafrika im Süden des Kontinents keine eigene Händlerschicht gab, konnte Mzilikazi bestimmte Handelsgüter und natürlich die Geschenke für sich reservieren. Indem er sie knapp hielt, wurden sie zu einem Luxus. Dazu zählten Glasperlen, die bereits erwähnten Ochsenwagen, Kleidung, Stoffe und Metallgegenstände aller Art. Die europäischen Besucher wunderten sich oft, warum Mzilikazi an all den Dingen interessiert war, die er eifrig sammelte: Kaffeekannen, Kochtöpfe, Stoffe, Truhen, Sessel und vieles mehr, wobei hämisch vermerkt wurde, dass er damit ja eigentlich nichts anfangen könne und man es mit der typischen infantilen Launenhaftigkeit eines Despoten zu tun habe. Emily Moffat, die Schwiegertochter Roberts, äußerte sich besonders abschätzig über „Catsey", wie sie den König nannte. Er hätte eine „Manie für Eisenbahndecken und Mäntel",[31] wobei ihr nie bewusst wurde, welchen Wert diese Dingen für Mzilikazi hatten: Sie waren Ausweis seiner Macht, er prunkte mit diesen Gegenständen.

Mag der Schmuck von Mzilikazi und seinen Frauen auch prachtvoll gewesen sein, seine Behausungen waren es nicht. Die Gesellschaft der Ndebele wies zwar einige Ähnlichkeiten zu derjenigen der Karanga auf, die Unterschiede waren aber auffallend und bedeutsam. Die Erhöhung des Herrschers, die Absetzung einer Oberschicht vom Rest der Bevölkerung durch prachtvolle Steinmauern findet sich bei den Ndebele keineswegs, sondern die Besucher äußerten sich häufig enttäuscht bis abschätzig über die bescheidene Unterkunft: „Doch trübselig und elend ist der Kraal seiner Majestät."[32] Ebenso irritierte sie, dass Mzilikazis Alltagskleidung sich für sie kaum vom Rest der Bevölkerung unterschied. Selbst fremde Afrikaner jedoch erkannten ihn an der Körpersprache, an seinem Auftreten sowie an den Preisrufern, die ihn stets umgaben und seinen Ruhm verkündeten. Für die Europäer war das, was sie als Kriecherei wahrnahmen, ein weiterer Beweis für den despotischen Charakter von Mzilikazis Herrschaft. Doch zeichnete Andrew Smith, ein Wissenschaftler aus Kapstadt, der in Begleitung Moffats 1835 den König besuchte, den Inhalt eines Preisgesangs auf, der ein ganz anderes Bild übermittelt: „In einigen der Lieder, mit denen sie Musulacatzi [Mzilikazi] aufwarteten, deuteten sie oft gleichzeitig und mit einem Ausdruck der Entschlossenheit nach Süden." Smith und seine Begleiter vermuteten, diese Geste sei den feindlichen Griqua zugedacht, doch fanden sie auf Nachfrage heraus, dass sie statt dessen auf die Xhosa an der Kolonialgrenze verwiesen, die von den Weißen bedrängt wurden. Tatsächlich fand in diesem Jahr ein Krieg statt, in dessen Verlauf der Xhosa-König Hintsa von weißen Soldaten ermordet wurde. Die Geste entschlossener Abwehr richtete sich demnach gegen die Weißen, denen demonstriert werden sollte, dass die Ndebele sich zu helfen wussten.

Smith fand heraus, dass in der Zeit seiner Anwesenheit weitere solcher Lieder komponiert worden waren, in denen der König kritisiert wurde, weil er den Weißen gegenüber zu leichtgläubig sei, da diese doch gleichzeitig andere Afrikaner vertrieben. In Preisgesängen konnte demnach auch Kritik geäußert werden. Auf diese Weise, so Smith, „wird Musulacatzi mit den Gefühlen, Ansichten und Wünschen seines Volkes vertraut". Der König schien meistens den Gesängen wenig Aufmerksamkeit zu schenken, „aber es gab Momente, da seine Aufmerksamkeit ganz auf diese Aktivitäten seiner Leute gerichtet war und er war dann ein nachdenklicher Zuhörer", der zuweilen selbst mitsummte.

> Wenn er nur zuhörte, stützte er gewöhnlich seine Ellbogen auf die Knie und seine Hände an die Wangen [...] Sein Blick zeigte dann Reflexion und Nachdenklichkeit. Wir fragten ihn, was ihn dazu veranlasste, sich so zu verhalten, aber wir erhielten keine andere Antwort, als dass ‚sein Herz voll war'.[33]

Der Tod des Königs

Zu dem Gebaren eines Herrschers gehörte der zur Schau gestellte Fleisch- und Bierkonsum. In einer Region, in der durchschnittlich jede dritte Ernte eine Missernte ist und die zyklisch von Dürreperioden heimgesucht wird, ist die Vorstellung von Macht und Reichtum mit Essen assoziiert.[34] Für Mzilikazi wie auch für andere Herrscher hatte dieser ostentative Konsum weniger erquickliche Folgen. Denn in seinen späteren Jahren erkrankte er an Gicht, die ja bekanntlich auf zu großen Fleischkonsum zurückzuführen ist, und an der Wassersucht, sodass er nicht mehr gehen konnte.

Als Moffat ihn 1854 zum dritten Mal besuchte, fand er Mzilikazi sehr verändert. Wegen der Wassersucht konnte er nicht mehr laufen und musste getragen werden.

> Als ich mich herumdrehte, sah ich ihn. Da saß er – wie verändert! – der kraftvoll aktive und bewegliche Monarch der Matabele, jetzt gealtert, auf einem Fell sitzend, mit lahmen Füßen, unfähig zu gehen oder sogar zu stehen. Als ich eintrat, ergriff er meine Hand, blickte mich kurz und ernst an und zog seinen Umhang über sein Gesicht. Es wäre ein gar zu schrecklicher Anblick gewesen, den Helden von hundert Schlachten zu sehen, wie er sich Tränen aus den Augen wischte. […] Er sagte nichts, außer dass er meinen Namen, Moshete, wieder und wieder aussprach. Sein Kopf drehend, schaute er mich wieder an, seine Hand noch in der meinen und bedeckte aufs Neue seinen Kopf.

Selbst als Invalide verlor Mzilikazi nie die Autorität, die er sich während langer Jahre erworben hatte. Das hing nicht zuletzt mit seiner Großzügigkeit zusammen und der Fürsorge für die Menschen, die er regierte. Obwohl er ihn immer wieder als Despot bezeichnete, vermittelt Moffats Beschreibung ein ganz anderes Bild: „Auch wenn er in einer Weise bewundert wird, die ausreicht, ihn vergessen zu lassen, dass er sterblich ist, ist er die Personifikation von Freundlichkeit und Leutseligkeit, erscheint als äußerst umgänglich gegenüber seinen eigenen Leuten, die nie auch nur für einen Augenblick vergessen, ihm den größten Respekt und Hochachtung zu bezeugen."[35]

Trotz seiner Krankheit lebte er noch mehr als zehn Jahre und erst ganz am Ende verließ ihn sein ausgeprägter Sinn für Humor. Der Missionar William Sykes schrieb über Mzilikazis Tod am 6. September 1868:

> Es war der traurigste Besuch, den ich ihm je abstattete. Er scherzte nicht, kein Versuch, einen Witz zu reißen, keiner der raffinierten verspielten Tricks, für die er so bekannt war. Es war deutlich, dass er selbst und alle anderen wussten, dass sein Fuß bereits ins Grab zu gleiten begann.[36]

Vom Handel zur Besiedlung: Aus Indianerland wird British Columbia

Die Bewohner des Dorfs Yuquot am Nootka Sound waren alarmiert und verängstigt. Am Horizont tauchten drei Stöcke aus dem Meer auf, die sich bald als zu einem Wasserfahrzeug gehörig erkennen ließen. Doch was für ein merkwürdiges Fahrzeug! Einige der Beobachter zeigten sich überzeugt, dass es von der Blitzschlange Haitetlik getrieben wurde, andere meinten, es sei ein verzauberter Lachs. Als sich das merkwürdige Gefährt dem Dorf näherte, ergriffen die Menschen Vorsichtsmaßnahmen und versteckten sich. „Eine weibliche Heilerin mit Namen Hahatsaik, die über alle Arten von Lachsen Macht hatte, trat mit einer Rassel aus Walfischknochen in jeder Hand auf; sie zog ihre Mütze aus roter Zedernrinde auf, eine Schürze aus demselben Stoff an und sang, woraufhin sie erklärte, es müsse sich um einen Lachs handeln, der in ein Boot verwandelt worden sei."

Als das Boot näherkam, konnten sie etwas auf ihm erkennen und einige beherzte Männer wurden ausgesandt, es genauer zu erkunden. Bald waren sie sicher, dass es ein Mensch war und ihr Oberhaupt Maquinna lud ihn ein.[1] Diese erste Begegnung der Mowachaht-Indianer mit Europäern an der Nordwestküste Amerikas grub sich in das Gedächtnis der Menschen ein und wurde weiter tradiert, sodass ihre Nachfahren in den 1970er-Jahren kanadischen Wissenschaftlern davon berichten konnten.

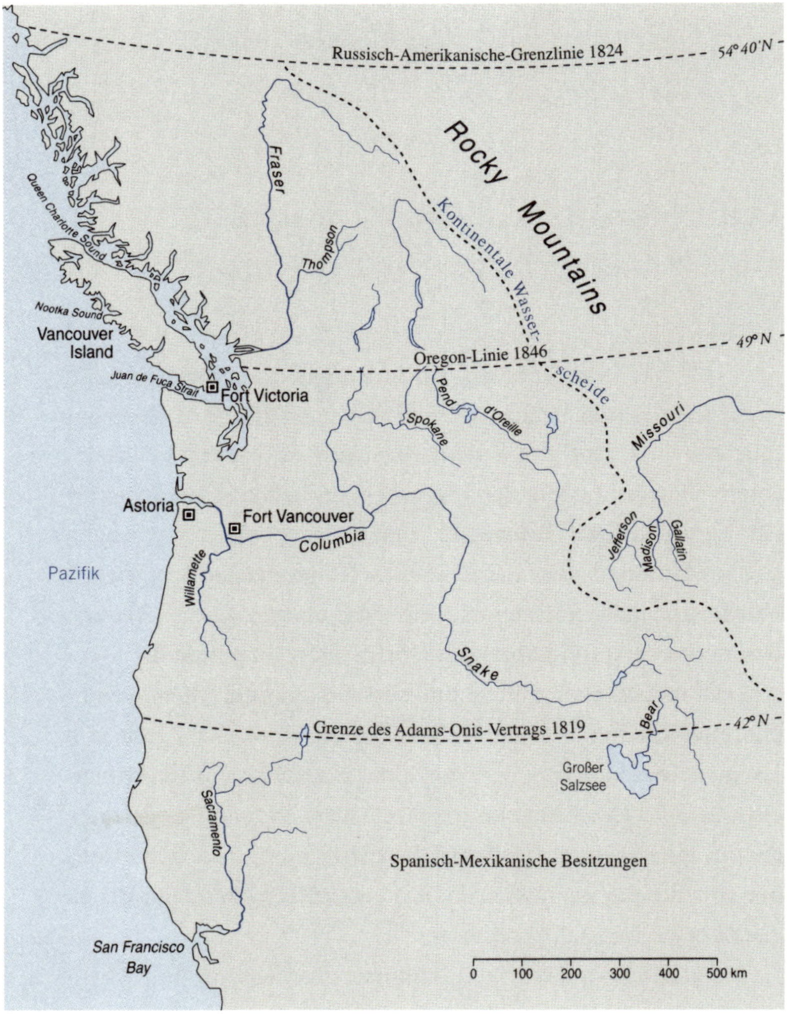

Die Karte zeigt, wie die Europäer ihre Einflusssphäre im Westen Nordamerikas gegeneinander abgrenzten, wobei die Oregon-Linie der heutigen Staatsgrenze zwischen Kanada und den USA entspricht. Auf die Indianer wurde dabei keine Rücksicht genommen.

Weil die Indianer mittlerweile wussten, dass ein bedeutender Mann sie im späten 18. Jahrhundert besucht hatte, wurde er als derjenige identifiziert, den ihre Vorfahren auf dem Schiff als Menschen ausgemacht hatten. Es war der berühmte *Captain* James Cook auf seiner dritten Weltreise, als er 1778 die größte Insel vor der Pazifikküste Nordamerikas erreichte und in einen der zahlreichen Fjorde hineinfuhr, die die Insel gliedern und die Siedlungsstruktur der Indianer prägten. Die Insel wurde später nach einem seiner Offiziere benannt, der einige Jahre später, dann selbst Kapitän, eine weitere Erkundungsfahrt unternahm: George Vancouver.

Die Behauptung, Cook sei der erste Mensch gewesen, der von den Indianern gesichtet wurde, veranschaulicht, wie anpassungsfähig mündliche Erinnerungen sind. Denn die Erstbegegnung, die Entsetzen und Erstaunen ausgelöst hatte, war einige Jahre früher geschehen, als Spanier von Süden her die Pazifikküste heraufgesegelt kamen, um ihren stets erhobenen Anspruch auf die Herrschaft über ganz Amerika durch nautische Präsenz zu unterstreichen, nachdem sie erfahren hatten, dass sich weit oben im Norden russische Pelzhändler festgesetzt hatten.

Die Indianer fürchteten zunächst das Schlimmste, wie eine andere Geschichte erkennen lässt, die sich ebenfalls auf eine europäisch-amerikanische Erstbegegnung bezieht. Die Indianer vermuteten, das Schiff sei ein „Mond vom Himmel", der eine Seeschlange als Kanu benutzte. Zwei junge Männer kletterten über eine Strickleiter an Bord des Mondkanus, wo sie seltsame Leute vorfanden.

> Einer der Männer, mit hellen Knöpfen auf seinem Rock, sprach zu einem anderen, der daraufhin in das Herz des Mondkanus hinabstieg und bald darauf mit zwei Tellern wiederkam. Einer von ihnen war voll mit runden flachen Knochen, der andere war voller Blut. Der Mann mit den hellen Knöpfen deutete auf die Knochen und das Blut und dann auf seinen Mund.

Die Besucher verstanden nicht, woraufhin einer der beiden „ein Stück Knochen nahm, es in das Blut tauchte und dann in den Mund steckte“[2]. Sie waren zu verängstigt, um von dem merkwürdigen Mahl etwas zu sich zu nehmen und ihre Identifizierung von Keksen und Sirup als Knochen und Blut deutet darauf hin, dass sie in den Fremden zunächst einmal Kannibalen vermuteten, ganz ähnlich wie sich dies in vielen Berichten der Europäer über die „Wilden“ niederschlug.

Heinrich Zimmermann, ein abenteuerlustiger Handwerker aus dem kurpfälzischen Wiesloch, hatte als Matrose auf Cooks Schiff angeheuert und veröffentlichte später einen Bericht über diese Reise. Die Nordamerikaner sähen den Hawaiianern, die Cook zuvor besucht hatte, zwar ähnlich, sie seien „aber nicht so groß, und sie sind sehr fürchterlich anzusehen, weil sie ihr Gesicht mit schwarzen, roten und gelben in die Länge und Quere laufenden Strichen über und über bemalen“[3]. Zimmermann ließ sich von dieser äußeren Erscheinung indes nicht abschrecken, sondern legte eine bemerkenswerte Neugierde an den Tag:

> Einmal rückten sie in zwei Partien in ungefähr 40 bis 50 Kähnen gegen uns vor; sie umringten die Schiffe und fuhren dreimal um sie herum. Wir befürchteten einen Angriff und luden die Kanonen; sie stimmten alsdann in ihren Kähnen einen sehr schönen Gesang an, und schlugen den Takt mit ihren Rudern. Die Genauigkeit, die sie bei dem Einhalten des Taktes beobachteten und der ungehindert ihrer starken Stimmen liebliche Gesang, erregten besonders unsere Verwunderung. Von jeder Partei war einer wie ein Harlekin in verschiedenen Farben gekleidet; diese wechselten ihre vielfarbigen Kleider und verschiedene vor das Gesicht gebundene Masken öfters und trieben allerlei Possenspiel.[4]

Kwakiutl-Hochzeitsgesellschaft. Der Bräutigam kommt mit seinen Begleitern über das Wasser, um die Braut abzuholen. Die Hochzeit wird im Dorf der Braut gefeiert, anschließend kehrt das Paar zum Dorf des Bräutigams zurück.

Trotz anfänglichem Misstrauen und Angst setzte bald ein reger Handel zwischen den Europäern und den Indianern ein, wobei die Indianer besonders schöne Felle anboten.

> Auf das Vertauschen ihrer Waren, die hauptsächlich in vorgenanntem Pelzwerk bestehen, sind sie sehr versessen. Sie führten über den Vorzug, wer von ihnen sich mit uns in Handel einlassen durfte, einigemale miteinander Krieg, und die stärkste Partei nahm der schwächeren sowohl ihre Waren, wie auch das, was sie schon von uns eingetauscht, gewaltsam weg.[5]

Es handelte sich um Pelze von Seeottern, die, wie Cooks Begleiter im weiteren Verlauf ihrer Reise herausfanden, sich in China besonders gewinnbringend verkaufen ließen. Durch ihre veröffentlichten Berichte breitete sich diese Nachricht aus und schon wenige Jahre später, etwa ab 1792, begann eine rege Handelstätigkeit an der Westküste von Vancouver Island, die einige Jahrzehnte bis etwa 1825 anhielt. Dann brach der Markt zusammen, weil die Seeotter so stark dezimiert waren, dass sich die Fahrt über den Pazifik nicht mehr lohnte.

In diesem Zeitraum sind immerhin Besuche von 330 Schiffen belegt, wobei einige von ihnen die Insel häufiger ansteuerten. Die Indianer waren an Metallgegenständen besonders interessiert, wobei sie sich schnell als Meister darin zeigten, die europäischen Händler, die in den Buchten ankerten, gegeneinander auszuspielen und die Preise in die Höhe zu treiben. Als beispielsweise die Nachfrage nach Meiseln, die die Indianer zum Bootsbau benutzten, gedeckt war, verlangten sie nach anderen Dingen, vor allem nach Kleidung und Decken. Später wurde eine standardisierte Decke der *Hudson's Bay Company* sogar zu einer Währung. Die Indianer erwiesen sich als wählerisch, sie prüften die Qualität der Stoffe, Musketen und Eisenwaren stets sorgfältig, bevor sie sich auf eine Transaktion einließen. Außerdem forderten sie oft Geschenke als Voraussetzung, um überhaupt den Handel zu beginnen, sodass Dinge, die die Europäer eigentlich als Handelsgüter mitgebracht hatten wie z. B. Glasperlen, ohne Gegenleistung in den Besitz der Indianer übergingen. Die Weißen erkannten bald, dass die *Chiefs* besonders wichtig waren und Geschenke oft ein guter Wegbereiter für den eigentlichen Handel waren, den sie meist mit den Anführern betrieben.

An der Nordwestküste gelang es den Europäern allerdings nie, ein Handelsmonopol zu errichten, da die Kaufleute aus verschiedenen Ländern kamen. Zu diesen hatten sich bald Bürger der noch jungen Republik der Vereinigten Staaten gesellt, die von Boston um die Südspitze Südamerikas herumsegelten und innerhalb kurzer Zeit den Löwenanteil des Handels an sich zogen. Dies lag nicht zuletzt daran, dass sie über besonders schnelle Schiffe verfügten, womit sie die Strecke über den riesigen Ozean ins südchinesische Kanton, den wichtigsten Absatzmarkt für Otterpelze, schneller als ihre Konkurrenten zurücklegten.

Außerdem brachten sie lukrative Waren mit sich, an denen die Indianer großes Interesse hatten, vor allem an Kupfer, das einen besonderen Prestigewert genoss.

Die Indianer konnten es bei so viel Wettbewerb riskieren, sich viel Zeit zu lassen. Sie kamen immer wieder, um ihre Waren vorzuzeigen, ohne einen Handel abzuschließen, wenn der Preis nicht stimmte. Sie hatten rasch herausgefunden, dass die Europäer und Amerikaner unter einem gewissen Zeitdruck standen, da ihnen der Proviant ausging und die Konkurrenz groß war. Die Kaufleute mussten sich auf die Bedingungen der Indianer einlassen und stunden-, ja oft tagelang in den Buchten vor Anker liegen, um Geschäfte abzuschließen, was den Indianern nur recht war, da sie nicht aufs offene Meer hinauspaddeln mussten. Außerdem konnten sie so noch besser auf Zeit spielen, manchmal tagelang an Bord der Schiffe sitzen, für die Weißen unzumutbar hohe Preise fordern und ohne die geringste Eile am Abend das Schiff verlassen, um das Spiel am nächsten Tag erneut zu beginnen. Sie zeigten keinerlei Anzeichen, dass sie wirklich einen Handel abschließen wollten und in einzelnen Fällen kam es tatsächlich zu keiner Transaktion. Kurzum, die Indianer waren ausgesprochen gewiefte Händler und den Weißen gegenüber in vielerlei Hinsicht im Vorteil. Weil sie den Handel und die Machtbeziehungen kontrollierten, lohnte sich der seegestützte Handel für sie. Auch die kulturellen Änderungen durch die Einführung neuer Werkzeuge, Kleidung und durch sich ändernde Bedürfnisse waren von ihnen kontrolliert.

Im Land der Lachse

Die Nordwestküsten-Indianer unterschieden sich in ausgeprägtem Maß von allen anderen Völkern, die den nordamerikanischen Kontinent bewohnten. Durch steile Küstengebirge vom

Innern des Kontinents getrennt, hatten sie sich ganz auf das Meer hin orientiert, aus dem sie in Gestalt von Fischen, Seelöwen, Robben und Walen den größten Teil ihrer Nahrung bezogen. Da Vancouver Island und die ebenfalls von Fjorden durchschnittenen Küstenregionen des Festlands von dichten Regenwäldern mit jahrhundertealten Baumriesen bewachsen waren, gab es kaum Möglichkeiten, Landwirtschaft zu betreiben. Zur Mühsal der Bodenbearbeitung hatten die Indianer auch keine Veranlassung, da das Meer sie im Überfluss ernährte. Die vielen Fjorde und zwei große Flüsse, der Fraser und der Columbia, waren ausgesprochen fischreich, denn die Lachse wanderten die Flüsse hinauf, um dort abzulaichen. Darum sind die Mythen der Nordwestküsten-Indianer, die am Ende des Jahrhunderts von dem aus dem westfälischen Minden stammenden amerikanischen Ethnologen Franz Boas gesammelt wurden, voller Fischgeschichten.[6] Sie erzählen von wundersamen Reisen über das Meer, von Lachsen, die sich in Menschen verwandeln und von Vögeln, die sich ein Lachskleid überstreifen, von einer Welt, in der es keine Grenzziehung gibt zwischen Mensch und Tier, keine Vorstellung von einer Krone der Schöpfung, einem gottgeschaffenen Wesen, das über alle anderen zu herrschen berufen ist.

Sehr wohl aber kannten diese Menschen die Herrschaft über ihresgleichen, und auch darin unterschieden sie sich von allen anderen vorkolumbischen Bewohnern Nordamerikas. Nur an der Nordwestküste gab es machtvolle *Chiefs*, klare gesellschaftliche Hierarchien, sodass man versucht war, von einem kastenähnlichen System zu sprechen. *Chiefs* wie Maquinna lassen sich durchaus mit ihren Kollegen im südlichen Afrika vergleichen, was ihre Machtfülle und ihre Erhabenheit über andere betraf. Während die *Chiefs* der Huronen allenfalls Schiedsrichter waren und nur über individuell erworbenes Ansehen aufgrund rhetorischer Fähigkeiten und politischem Verhand-

Totempfähle vor den Holzhäusern der Nordwestküsten-Indianer, die mit ihrer Frontseite stets dem Meer zugewandt waren.

lungsgeschick verfügten, war den *Chiefs* der Nordwestküste eine genuine Befehlsgewalt zueigen.

Die Indianer lebten an der Küste, wobei ein Dorf aus den Anhängern und Sklaven eines *Chiefs* bestand, der in einem großen, aus wuchtigen Brettern und Bohlen gebauten Haus direkt am Meer lebte. Das Dorf Yuquot von *Chief* Maquinna bestand aus etwa 20 Häusern, wobei das Haus des *Chiefs* bis zu 50 Meter breit sein konnte, Häuser anderer Dorfbewohner dagegen nur etwa 12 Meter breit waren. Die Häuser standen mit ihrer breiten Seite dem Meer zugewandt. Vor dem Haus und teilweise in die dem Ozean zugewandte Front eingefügt stand ein großer Totempfahl, in den die Genealogie als Geschichte besonderer Taten und Ereignisse der Familie des *Chiefs* eingegraben war – meist in der Gestalt von Tiersymbolen. Erbaut wurden die Häuser aus dem Holz der riesigen Bäume, die die kanadischen Regenwälder der Westküste prägten, die Dächer und Wände bestanden aus

Brettern. Die Häuser waren eingeteilt in den Wohnbereich des *Chiefs*, in denjenigen, in dem seine Familie und Anhänger lebten sowie in eine Abteilung für die Sklaven.

> Durch die Mitte des Gebäudes von einem Ende zum anderen verläuft ein Gang von etwa acht oder neun Fuß Breite, wobei an jeder Seite mehrere Familien wohnen, von denen jede ihre eigene Feuerstelle hat, aber ohne eine Wand oder andere Form der Abtrennung zwischen ihnen; der *Chief* hat seine Wohnung am oberen Ende und der Rangnächste gegenüber auf der anderen Seite. Sie haben keinen Boden, sondern die nackte Erde. [...] Die Möbel dieser Leute sind sehr einfach und bestehen nur aus Kisten, in denen sie ihre Kleider, Pelze und andere für sie wertvolle Dinge aufbewahren; Wannen, um ihre Vorräte an Laich und Speck aufzubewahren; Schalen, aus denen sie essen; Körbe für ihren getrockneten Fisch und andere Dinge; und Taschen aus Rindenbast, woraus sie auch ihr Bettzeug herstellen, das sie auf dem Boden auslegen, wenn sie sich hinlegen, während sie sich mit nichts Anderem bedecken als mit ihren Kleidern. Die Kisten sind aus Zedernholz, mit einem Deckel, der sie ganz verschließt und der statt mit Nägeln oder Bolzen mit beweglichen Zweigen befestigt wird.[7]

Dem Labyrinth der Meeresarme, Fjorde und Flussläufe entsprechend gab es eine verwirrende Vielfalt ethnischer Einheiten, *Chiefdoms* und Allianzen. Wie Historiker herausgefunden haben, machten nicht nur die Weißen Gewinn, indem sie die in ihren Augen billig erworbenen Seeotterpelze teuer an die Chinesen verkauften, sondern auch die Indianer profitierten, denn von den Dörfern erstreckten sich komplexe Handelsnetze über Vancouver Island und von dort bis weit ins Innere des Kontinents. Die europäischen Händler fanden an ganz anderen

Ecken der Küste Gegenstände wieder, die andere Indianer Hunderte von Kilometern weiter entfernt von ihnen erstanden hatten. Auch die Indianer schöpften dabei fleißig den Mehrwert ab und konnten wertvolle Gegenstände mit Gewinnen von 200 bis 300 Prozent an küstenferne Indianer weiterverkaufen.

Dabei nimmt man an, dass es gerade der von den Spaniern und *Captain* Cook in Gang gesetzte Handel war, der überhaupt erst die scharfen innergesellschaftlichen Hierarchien der Indianer hervorbrachte und zu größerer Machtfülle der *Chiefs* führte. Denn diese Indianer kannten, auch dies ganz im Gegensatz etwa zu den „kommunistischen" Irokesen, klare Eigentumsbegriffe. Der *Chief* war Besitzer des Wassers, des Lands, der Holzvorkommen, der getrockneten Fisch- und Fleischvorräte und vieler anderer Dinge, sodass er über zahlreiche Ressourcen verfügte. Den Zugang zu ihnen ließ er sich von den Europäern jedes Mal bezahlen. Sie mussten ihre Waren für die Seeotterpelze hingeben, aber auch für Trinkwasser, für Holz, um Masten und Schiffe zu reparieren, für frisches Obst, für Fisch und Fleisch. Auf diese Weise hatten die *Chiefs* einen privilegierten Zugang zu den neuen Reichtümern. Sie konkurrierten untereinander um Vorrechte und hatten derart genaue Vorstellungen von ihren Privilegien bei gemeinsamen Essen und Verhandlungen, dass die zeitgenössischen europäischen Diplomaten sie vermutlich nur zu gut verstanden hätten. Sie profitierten ganz besonders vom Handel mit den Weißen, allen voran Maquinna, der sich einen privilegierten Zugang zu den Waren der Weißen sicherte und damit seine Ressourcenbasis erheblich vergrößerte. *Chiefs* konnten mehr Arbeitskräfte beschäftigen, um die Pelze für den Handel zu jagen und vorzubereiten, sie konnten aufgrund ihres Reichtums mehr Frauen heiraten und mehr Nachkommen zeugen als die übrigen Männer.

Geschnitzte Totempfähle, die ursprünglich vor den Häusern von *Chiefs* direkt am Meer standen. Auf ihnen war die Geschichte des Clans dargestellt. Diese Pfähle wurden vor der Zerstörung gerettet und sind heute im Stanley-Park, Vancouver, aufgestellt.

Diese zahlreichen, oft sehr kleinen ethnischen Gruppen, die unterschiedlichen Sprachfamilien angehörten, waren durch eine gemeinsame Kultur verbunden, ähnlich wie die griechischen Poleis der Antike bei allen politischen Gegensätzen ein Bewusstsein der gemeinsamen Kultur als Hellenen hatten. Der französische Ethnologe Claude Lévi-Strauss hat diese gemeinsame Kultur über die Interpretation von Masken und Mythen mit bewunderswerter Intuition als systematische Einheit dargestellt.[8]

Missverständnisse unter Händlern

Wenn eben vom Geschick der Indianer beim Handel, von ihrem kaufmännischen Kalkül die Rede war, dann muss gleichzeitig betont werden, dass sie keineswegs die Vorzüge des Kapitalismus für sich entdeckten. Denn der Sinn und Zweck des Handels war nicht das Anhäufen von Reichtum um seiner selbst willen, sondern um ihn zu Prestigezwecken an Freunde und Anhänger zu verschenken, ja um ihn sogar zu vernichten. Dies geschah in Gestalt des *Potlatch*, eines Rituals, das die Europäer verstörte, die Ethnologen faszinierte und die weißen Siedler und Politiker des späteren Kanada so abgestoßen hat, dass sie es gesetzlich verboten und Zuwiderhandlungen mit Gefängnisstrafen ahndeten.

Mit der Etablierung der weißen Ordnungsmacht in der Region entwickelte sich der *Potlatch* zunehmend zu einem Kriegsersatz, was die frühen Ethnologen bereits feststellten und was ein Kwakiutl im Jahr 1895 ganz direkt zum Ausdruck brachte, als er bemerkte:

> Als ich jung war, sah ich Ströme von Blut, die im Krieg vergossen wurden. Aber dann kamen die Weißen und beendeten diese Blutströme mit Wohlstand. Jetzt kämpfen wir mit unseren Reichtümern.[9]

Mit solchen *Chiefs*, die eifersüchtig auf ihren Status achteten, konnte es durchaus und meist unbeabsichtigt, zu Missverständnissen kommen, die zuweilen ernsthafte Verstimmungen nach sich zogen. Während es für die indianischen *Chiefs* zum guten Ton gehörte, eigenen untergeordneten Kriegshäuptlingen das Kämpfen zu überlassen, waren die Weißen meist schnell dabei, widerspenstigen oder unwilligen Handelspartnern mit Kanonenschüssen auf die Sprünge zu helfen. Zuweilen prahlten sie mit ihren Heldentaten, wenn sie mit den Bordgeschützen ganze Dörfer zusammenschossen oder gezielt Kanus angriffen. Oft missverstanden sie das Auftreten und die Gesänge der Indianer als aggressiv und griffen zu den Waffen. Manche Kapitäne verloren auch einfach die Nerven, weil sie unter Zeitdruck standen und die Indianer sie mit ihrem Geschäftsgebahren hinhielten. Manchmal griffen auch die Indianer an, weil die Weißen meist aus Unwissenheit Verhaltensnormen

Das Fest des Schenkens

Beim *Potlatch* handelte es sich um einen hochkomplizierten Austausch und Erwerb prestigeträchtiger Güter, die im Verlauf von Festen verschenkt oder wie die besonders wertvollen Kupferplatten sogar im Meer versenkt wurden. Je mehr Güter ein Mann bei einem solchen Anlass vergab, desto mehr wuchs sein Ansehen. Der *Potlatch* war darum eine Art Prestigewettbewerb, durch den eine sehr diffizile Rangordnung immer wieder neu austariert wurde. Vor allem die *Chiefs* ließen *Potlatchs* zuweilen eskalieren, indem große Reichtümer, die über Jahre angehäuft worden waren, verschenkt, konsumiert oder sogar zerstört wurden. Auf diese Weise wurde Macht demonstriert und die Gewissheit, den verlorenen Reichtum binnen kurzem erneuern zu können.

missachtet hatten. *Chief* Maquinna von Nootka Sound hatte nach einer Reihe von Übergriffen genug von diesen Besuchern und kündigte an, das nächste Schiff mit Gewalt in seinen Besitz zu bringen. Natürlich hatte dieses Schiff mit den Schandtaten früherer Besucher nichts zu tun, doch ließ sich leicht ein Anlass finden, um gegen die Besatzung vorzugehen.

Als weißer Sklave bei Indianern

Der Engländer John R. Jewitt (1783–1821) hatte aus Abenteuerlust und in der Hoffnung auf ein besseres Leben seine englische Heimat verlassen. Er heuerte auf dem Schiff *Boston* an, das von England aus den langen Weg um die Südspitze Amerikas zurücklegte und Mitte März 1803 am Nootka Sound eintraf. Die äußere Erscheinung der Indianer erstaunte ihn und weckte seine Neugier. Vor allem der *Chief* Maquinna, eine stattliche Erscheinung, beeindruckte ihn:

> Seine Gesichtszüge waren im Allgemeinen einnehmend und sein Gesicht war bemerkenswert durch die große römische Nase, eine eher ungewöhnliche Erscheinung unter diesen Leuten. Seine Hautfarbe war eine dunkle Kupferfarbe, obwohl sein Gesicht, seine Beine und Arme bei dieser Gelegenheit so mit roter Farbe bemalt waren, dass man ihre natürliche Färbung kaum erkennen konnte. Seine Augenbrauen waren schwarz bemalt in Form zweier breiter Streifen wie ein Neumond, und sein langes schwarzes Haar, das vor Öl glänzte, war in einem Büschel oben auf dem Kopf zusammengebunden und völlig überdeckt mit weißen Daunen, was ihm ein sehr merkwürdiges und außergewöhnliches Aussehen verlieh. Er war in einen großen Mantel oder einen Überwurf aus schwarzem Seeotterfell gehüllt, der bis zu seinen Knien reichte und in der Mitte durch einen breiten Gürtel aus dem hier üblichen Stoff zusammengehalten wurde, der mit Figuren in verschiedenen Farben bemalt war. Seine Kleidung war keinesfalls unansehnlich, sondern verlieh ihm im Gegenteil eine Aura wilder Größe. Seine Männer waren in Mäntel aus ähnlichem Stoff gehüllt, der aus Baumrinde hergestellt wird und eine Ähnlichkeit mit Strohmatten hat. Sie sind fast rechteckig und haben zwei Löcher im oberen Teil, um die Arme hindurchzustecken. Sie reichen bis an die Knie und werden mit einem vier Zoll breiten Gürtel aus demselben Stoff zusammengehalten.[10]

Maquinna war auch der Einzige, der als Zeichen seiner Würde einen Schnurrbart trug, während alle anderen ihre Barthaare ausrissen wie bei nordamerikanischen Indianern allgemein üblich. Der Schiffsschmied Jewitt, der längere Zeit bei ihnen verbrachte, berichtet über den Wert, den die indianischen Männer auf ihr Äußeres legten:

> Auch wenn die Frauen [...] wenig Farbe benutzen, findet man bei den Männern das glatte Gegenteil. Sie setzten ihren ganzen Stolz darein, ihre Köpfe und Gesichter zu dekorieren und keiner unserer modischen Stutzer, wenn er sich für einen großen Ball zurecht macht, könnte eigenwilliger sein. Ich habe gesehen, wie Maquinna, nachdem er eine geschlagene Stunde damit verbracht hatte, sein Gesicht zu bemalen, alles wieder abwusch und die Prozedur von neuem begann, weil es ihn nicht völlig zufrieden gestellt hatte.[11]

Trotzdem würden sie sich im Sommer wie im Winter mindestens einmal täglich von oben bis unten waschen.

Der *Chief* kam häufiger an Bord und wurde vom Kapitän mit Schiffszwieback und Süßigkeiten sowie Kaffee, Tee und Schnaps bewirtet. Die Indianer waren in erster Linie an Metallgegenständen interessiert und beobachteten Jewitt, den Schiffsschmied, bei der Arbeit. Dies sollte ihm das Leben retten, da der Kapitän kurz darauf den *Chief* beleidigte, woraufhin dieser nicht nur diese Beleidigung, sondern auch die Übergriffe früherer Schiffsbesatzungen rächte, indem er in einem gut geplanten Angriff mit etwa 500 Kriegern das Schiff überfiel und alle 25 Europäer niedermachen ließ. Jewitt und ein weiterer Mann, den der Schmied als seinen Vater ausgab, um ihn zu retten, waren die einzigen Überlebenden. Der Schmied wurde von Maquinna versklavt und musste für ihn in den folgenden zwei Jahren Metalle bearbeiten und andere Tätigkeiten verrichten.

Zwar konnte er ein recht gutes Verhältnis zu seinem Herrn aufbauen, dennoch war er seines Lebens nie sicher, da Sklaven bei den Nordwestküsten-Indianern völlig rechtlos waren und jederzeit getötet werden durften. Dabei hielten einzig die *Chiefs* Sklaven, die ihr wichtigster Besitz waren und deren Anzahl den Status und das Prestige ihres Besitzers anzeigte. Maquinna besaß ungefähr 50 Sklaven, die etwa die Hälfte der Bewohner seines Hauses ausmachten.[12] Zwar konnte Jewitt sich die Sympathie Maquinnas und seiner Frauen sichern, weil er Armreifen und anderen Schmuck aus Metall für sie herstellte, doch sah er sich gezwungen, sich kulturell an die Indianer anzupassen. Das begann beim Essen, das er nur herunterbekam, weil er so hungrig war. Denn vor allem die Sitte, alle Speisen, die ihm ohnehin fremdartig genug waren, zusätzlich mit Tranöl zu übergießen, erfüllte ihn mit Ekel. Zwar konnte er immer wieder frischen Fisch gegen Fundstücke aus dem Schiff wie Rasiermesser, Scheren und andere Gegenstände einhandeln: „Wenn es uns nur gestattet gewesen wäre, sie auf unsere Art zu kochen, denn wir hatten Töpfe und andere Utensilien aus dem Schiff, hätten wir wenig Grund zur Klage gehabt."[13] Aber Maquinna ließ diesbezüglich nicht mit sich reden, sondern übergab alle Lebensmittel, die Jewitt erstanden hatte, seinen Frauen, um sie zuzubereiten. Möglicherweise ging es dabei ebenso um die geschlechtliche Arbeitsteilung, auf deren Einhaltung der *Chief* bestand, wie um Tischsitten und Geschmacksfragen, die ihn in seinen Anordnungen bestimmten, da die Indianer gesalzenes Essen widerwärtig fanden und ablehnten. Die Mahlzeiten wurden gemeinsam eingenommen, wobei die Sklaven dasselbe wie alle anderen zu essen bekamen. Nur die *Chiefs* benutzten ein eigenes Geschirr, während sonst immer mehrere sich von einer Schale oder aus einem Topf bedienten.

Jewitt räumte selbst ein, dass Maquinna ihn nicht schlecht behandelte, ja er zeigte sich sogar besorgt, da Jewitt längere Zeit an einer Kopfwunde litt, die ihm bei dem Massaker zugefügt worden war, und stellte ihn deswegen von einer Reihe Tätigkeiten frei. Tatsächlich erkannte er Maquinna als seinen „Freund und Beschützer" an.[14] Jewitt und sein Mitgefangener Thomson versuchten jedoch, sich so viele Freiräume wie möglich zu erhalten, wobei Thomson den Indianern gegenüber hasserfüllt war und Jewitt ihn immer wieder beruhigen musste, damit er sich in seine Lage fügte:

> Denn für einen tapferen Seemann wie ihn, der ruhmvoll gegen Franzosen und Spanier gekämpft hatte, war es eine schlimmere Strafe als der Tod, dass er nun Sklave von solch armen, unwissenden und verachtenswerten Lebewesen war.[15]

Jewitt selbst war pragmatischer und wollte vor allem überleben, immer voller Hoffnung, eines Tages von einem europäischen Schiff befreit zu werden. Er lernte die Sprache der Indianer und passte sich, soweit es ihm möglich war, an ihre Sitten an. Dadurch verbesserte er tatsächlich seine Lage: „Es gibt wirklich wenige Nationen, die so grob und gefühllos sind, dass ständige milde Behandlung und das Bestreben, ihnen zu gefallen, sie nicht mild stimmen und es ermöglichen würde, von ihnen freundliche Aufmerksamkeit zurückzuerhalten."[16] Insgesamt fand er die Indianer freundlich, ihre Wutausbrüche bei öffentlichen Reden hielt er für reine Prahlerei und Imponiergehabe, da sie keine gewalttätigen Menschen seien.[17]

Jewitt nahm an Kriegen der Indianer teil und wurde selbst zum Sklavenbesitzer, als er Gefangene machte. Später wurde er von Maquinna zur Heirat gezwungen und zu guter Letzt wurde er Vater eines Sohnes. Wegen seiner erwiesenen Tapferkeit wurde er von den Indianern als einer der ihren behandelt und darum auch in religiöse Rituale einbezogen. Eines Nachts erwachte er, als die Bewohner des Dorfs sich wegen einer Mondfinsternis lautstark gebärdeten.

> Ich fand sie alle außerhalb ihrer Häuser, mit brennenden Fackeln, singend und auf Holzbretter schlagend. Als ich sie nach den Ursachen für ihr Verhalten fragte, zeigten sie auf den Mond und sagten, dass ein großer Kabeljau versuche, ihn zu verschlingen, und sie wollten ihn vertreiben.[18]

Die Forschungsreise von Lewis und Clark

Im Verlauf von etwa 150 Jahren nach dem Ende der Huronenliga drangen die europäischen Pelzhändler im heutigen Kanada immer weiter nach Westen vor, meist auf dem Wasserweg, wobei sie Kanus benutzten. Der aus Schottland stammende Alexander Mackenzie war der Erste, der nach Überquerung der Rocky Mountains die Westküste erreichte. Etwa zehn Jahre später reisten die zwei amerikanischen Offiziere Meriwether Lewis und William Clark im Auftrag von Präsident Thomas Jefferson von St. Louis am Mississippi in den Nordwesten. Sie erforschten zwischen 1804 und 1806 den Oberlauf des Missouri und gelangten nach der Überwindung des Gebirges an die Westküste, in das spätere Oregon-Gebiet. Um dessen Besitz wäre es zwischen Großbritannien und den USA in den 1840er-Jahren fast zum Krieg gekommen.

Der weiße Sklave gewann auch den Eindruck, dass seine Herren keine Vorstellung von einem Leben nach dem Tod hatten, da sie an keine Götter oder Geister glaubten und keine Priester kannten. Als er Maquinna nach dem Tod eines anderen *Chiefs* tröstend versicherte, dass er weiterlebte, bestritt Maquinna dies entschieden.

Im Juli 1805 kam endlich ein Schiff in die Bucht und Jewitt gelang es, Maquinna mit einem Brief an den Kapitän versehen an Bord zu locken, wo er prompt gefangen genommen und gegen die beiden Weißen ausgetauscht wurde. Auf der Heimreise machten sie an der Mündung des Columbia halt und erfuhren von den ortsansässigen Indianern, dass zwei Wochen zuvor die beiden amerikanischen Forschungsreisenden Lewis und Clarke am Endpunkt ihrer legendären Durchquerung des amerikanischen Westens dort angekommen waren.

Gewiefte Händler

Der einst so häufig besuchte Nootka Sound verlor weniger aufgrund des Massakers an der *Boston*-Besatzung an Anziehungskraft für weiße Kaufleute, sondern vor allem wegen des Rückgangs der Seeotterbestände. Das betraf freilich nicht allein die Westküste von Vancouver Island, sondern in einem vergleichsweise kurzen Zeitraum große Teile der Nordwestküste Amerikas, was die Russen 1867 dazu bewog, das uninteressant und teuer gewordene Gebiet an die USA zu verkaufen, die damit ihren größten Bundesstaat Alaska erwarben. Auch die amerikanischen Händler aus dem fernen Neuengland mit ihren schnittigen Seglern zogen sich aus einem nicht mehr lukrativen Geschäft zurück und überließen den Engländern nun allein das Feld. Der Handel verschob sich von einem see- zu einem landgestützten kommerziellen Austausch.

Damit aber waren die Bewohner der Westküste von Vancouver Island und ihre großen *Chiefs* wie Maquinna die Verlierer, da die Handelswege sich nun nach Osten und Norden umorientierten. Einige, wie die Haida auf den Queen Charlotte Islands, begannen frühzeitig, sich nach anderen Einkommensmöglichkeiten umzusehen. Sie bauten Kartoffeln zur Versorgung anderer Indianer und der Forts auf dem Festland an. Außerdem begannen sie, ihre Schnitzereien kommerziellen Verwendungen zuzuführen und bewusst für diesen entstehenden Markt zu produzieren.[19] Die Indianer wussten wie die Afrikaner neue Marktchancen frühzeitig zu erkennen und die Warenangebote der Weißen ebenso wie die spirituellen Zumutungen ihrer Missionare zu ihrem Vorteil zu nutzen. Auch technische Kenntnisse nahmen sie sehr rasch auf, wenn sie sich als nützlich erwiesen, wie sie z. B. frühzeitig ihre großen hochseetauglichen Boote mit Segeln ausstatteten.

Die Briten waren im frühen 19. Jahrhundert gegenüber den Amerikanern ins Hintertreffen geraten, obwohl sie über eine bewährte Organisation verfügten, die große Teile des späteren Kanada kommerziell ausbeuten durfte, die *Hudson's Bay Company*. Diese Handelsgesellschaft war 1670 in London gegründet worden nach dem bewährten Vorbild anderer Handelsgesellschaften, denen neben einem Handelsmonopol auch staatliche Hoheitsrechte übertragen wurden. Der Aktionsraum der *Company* war das von Henry Hudson entdeckte riesige Binnenmeer im Norden des späteren Kanada, an dessen Südende eine Reihe von Faktoreien eingerichtet wurden, zu denen die Indianer kamen, um ihre Biberpelze gegen europäische Waren zu tauschen. In den Wechselfällen der langen Geschichte der *Hudson's Bay Company* hatte sie zuerst mit der Konkurrenz der französischen Waldläufer zu tun, die nach dem Ende der Huronen mit ihren Kanus ins Innere des Kontinents aufgebrochen waren, um den Handel mit Biberpelzen an sich zu ziehen und die zahlreichen indianischen Zwischenhändler auszuschalten, indem sie direkt zu den „Erzeugern" vordrangen. Erst nach Umsatzeinbrüchen hatte sich die *Hudson's Bay Company* bewogen gefühlt, ihrerseits Handelsagenten von der *Hudson's Bay* über die Flusssysteme loszuschicken, um aktiv gegen die französische Konkurrenz vorzugehen, die ihren Aktionsradius immer weiter nach Westen und Norden ausdehnte. Seit 1760 kamen allmählich englischsprachige Händler hinzu, die von Montreal aus operierten und, nachdem die Franzosen Kanada an die Briten hatten abtreten müssen, deren Handelsnetze übernahmen, aber wohlweislich zahlreiche der erfahrenen französischen Waldläufer weiterbeschäftigten. Es sollte bis 1821 dauern, bis die Konkurrenz zwischen den von Montreal operierenden Kaufleuten, die sich zwischenzeitlich in der *North West Company* organisiert hatten, und der Handelsgesellschaft der

Hudson's Bay durch eine Fusion beseitigt war. Doch bis dahin hatten die Montrealer es geschafft, die Barriere der Rocky Mountains zu überwinden. Einer der ihren, der aus Schottland stammende Pelzhändler Alexander Mackenzie, traf 1795 als erster Weißer auf dem Landweg am Pazifik ein. Er selbst erkannte sofort, dass der Landweg nun viel zu lang und ökonomisch unrentabel geworden war. Obwohl die *Hudson's Bay Company* weiter von ihrer alten Basis im hohen Norden operierte, begann sie ihre Tätigkeit zu diversifizieren, indem sie es den US-Amerikanern gleichtat und Schiffe an die Pazifikküste entsandte. Als die Amerikaner sich weitgehend aus dem Geschäft mit den Seeotterpelzen zurückzogen, und nach 1840 allmählich die Russen verschwanden, hatte die *Hudson's Bay Company*, für die nun in ihrem ursprünglichen Geschäftsfeld, dem Pelzhandel, nicht mehr viel übrigblieb, längst auch ihre Geschäftsfelder ausgeweitet.

Nach der Fusion mit der *Northwest Company* im Jahr 1821 begann sie Handelsstützpunkte in den beiden großen Flusstälern der Westküste, am Unterlauf des Fraser und vor allem am lachsreichen Columbia, einzurichten und sie alsbald mit Forts und landwirtschaftlichen Produktionsstätten abzusichern. Während die Agenten der *Company* ihre Pelze vornehmlich im Norden kauften, produzierte man im Süden Getreide und Kartoffeln, züchtete Rinder und Pferde und begann damit, Lachs zu fischen und in getrockneter Form weiterzuverkaufen.[20] Diese südlichen Stützpunkte sollten mit ihrer Produktion das wertvollste Pelzgebiet, das die Company New Caledonia nannte und das im Zentrum des späteren British Columbia lag, mit Lebensmitteln versorgen. Außerdem diente Fort George an der Mündung des Columbia als Umschlagplatz für die Waren aus New Caledonia, die dort auf Schiffe verladen wurden. Aber es wurden auch zahlreiche Vorstöße in den Süden vorgenommen, um die dortigen Pelztiere möglichst auszurotten und damit amerikanische Konkurrenten ein für allemal auszuschalten. Dies hatte jedoch eine wachsende Feindseligkeit der Indianer in diesem Gebiet zur Folge, das heute zu den US-Bundesstaaten Washington, Oregon und Idaho gehört. Die vergleichsweise dichte Besiedlung durch ausgesprochen kriegerische Indianer, die von den Weißen als *Snake Indians* bezeichnet wurden, die sich selbst aber *Shoshone* nannten, wurde für einige Expeditionen regelrecht gefährlich. Alexander Ross, der die Gegend bestens kannte, weil er früher für die Amerikaner und dann für die *North West Company* gearbeitet hatte, konnte ein Lied davon singen. Immer wieder stahlen die Indianer die Biberfallen der Weißen,[21] zumal die bei diesen als Jagdexperten angestellten Irokesen aus Ostkanada lieber gemeinsame Sache mit anderen Indianern machten und sich mit amourösen Abenteuern vergnügten, sodass Ross mehrfach Grund zur Sorge um die ihm anvertrauten Fallensteller und Helfer hatte.

Bei all dem zahlte sich die reichhaltige Erfahrung der *Hudson's Bay Company* mit den Indianern, ihren Sitten und ihrer Kultur aus. Denn dieses Wissen wurde innerhalb der *Company* an die jüngeren Agenten weitergegeben und hatte zu einem gedeihlichen Umgang geführt, bei dem die *Company* immer wieder den Indianern vermitteln konnte, dass der Handel ihnen zum Vorteil gereichte, auch wenn sie selbst dabei Zusatzkosten für Geschenke in Kauf nehmen musste.

Die *Hudson's Bay Company* war zu Wohlverhalten gegenüber den Indianern gezwungen, weil die kleine Zahl von Händlern, Kanufahrern und Angestellten heillos unterlegen war. Militärisches Imponiergehabe der Weißen beeindruckte die Indianer nur begrenzt, da sie sich ihrer militärischen Überlegenheit bewusst waren. Als beispielsweise der Kapitän eines Schiffs seine Männer an Land Schießübungen vorführen ließ, äußerte sich der anwesende *Chief*, um seinen Eindruck befragt, abfällig über die Dummheit der Weißen, die im offenen Gelände kämpften, anstatt wie die Indianer aus dem Hinterhalt anzugreifen.[22]

Auch im landgestützten Handel erwiesen sie sich als geschickte Geschäftsleute, was schon die Kapitäne der Schiffe zu ihrem Leidwesen hatten erkennen müssen. Wenn die Weißen einen Pelz wegen zu schlechter Qualität ablehnten, „frisierten“ sie ihn, um ihn dann erneut anzubieten. Vor allem aber wirkte sich die Konkurrenz der Indianer untereinander viel gravierender aus, als die *Company* feste Stützpunkte einrichtete. Denn die Indianer begannen, sich in deren direkter Umgebung niederzulassen und damit den Handel zu kontrollieren. Für die Angehörigen der *Company* konnten gefährliche Situationen entstehen, etwa wenn ein Fort geschlossen werden sollte. Die lokalen Indianer waren damit nicht einverstanden und drohten mit

Lagerraum der *Hudson's Bay Company* in Fort Langley am Unterlauf des Fraser mit Ballen von Pelzen und Fässern. Die Waren kamen meist aus dem Landesinneren und wurden weiter an die Küste gebracht, dort auf Schiffe verladen und entweder in China verkauft oder um das Kap Hoorn an die Atlantikküste Amerikas oder nach Europa transportiert.

Gewalt. Oft lief das auch darauf hinaus, dass sie andere Indianer gewaltsam von dem jeweiligen Fort fernhielten oder als Mittelsmänner deren Handel an sich rissen. Es zahlte sich für sie aus, dass sie schon seit langem eigene Handelsnetze im Inneren des Kontinents unterhielten, sodass sie die von der *Company* erstandenen Waren mit großem Gewinn an entfernt lebende Indianer weiter veräußern konnten. Als sie auf diese Weise begannen, sich primär als Händler und weniger als Fallensteller und Jäger zu betätigen, trieben sie weiter die Preise hoch.

Wenn Angestellte der *Company* die Nerven verloren und zur Gewalt griffen oder wenn sie sich weigerten, Abgaben an die lokalen Indianer zu zahlen, deren Gebiet sie durchquerten, war viel Taktgefühl vonnöten, um die Gemüter wieder zu beruhigen.

Alexander Ross wagte sich mit einigen wenigen Untergebenen in ein großes Indianerlager von mindestens 3000 Kriegern am Okanagan, wo ihnen eine ausgesprochen feindselige Stimmung entgegenschlug, weil es kurz zuvor zwischen Indianern und anderen Angehörigen der *Company* zu einer Schießerei mit einigen Todesopfern gekommen war. Ross und seine Leute wurden bedroht und fast als Geiseln gehalten. Die Pferde, die sie den Indianern abgekauft hatten, lieferten diese nicht aus und bald lagen die Nerven blank. Ein *Chief* nahm einem von Ross' Untergebenen ein Messer weg und bedrohte ihn damit, als er sah, dass der Weiße wütend wurde. Sofort sammelte sich eine Menschenmenge um die Gruppe, als Ross nach seiner Pistole griff und auf den Chief zuging.

> Aber während ich meinen Fuß hob und meinen Arm bewegte, blitzte ein zweiter Gedanke auf, der mich dazu bewog, den Indianer nicht zu provozieren, sondern ihn vielmehr zu beruhigen, sodass die Vorsehung doch noch einen Weg für unser Entkommen bereithalten mochte; dieser Gedanke

> rettete das Leben des Indianers wie auch die unsrigen. Statt die Pistole zu ziehen, wie ich ursprünglich beabsichtigt hatte, zog ich ein Messer von der Art, wie sie Reisende in diesem Land gewöhnlich benutzen, aus meinem Gürtel und überreichte es ihm mit den Worten: ‚Hier, mein Freund, ist ein Häuptlingsmesser. Ich schenke es dir, das andere ist kein Messer, das eines *Chiefs* würdig ist, gib es dem Mann zurück.' Zum Glück ergriff er meine Hand.

Nach einigen Augenblicken des Zögerns zeigte der *Chief* sich von der Geste beeindruckt und die Feindseligkeit der Indianer gegenüber der kleinen weißen Delegation ließ spürbar nach.[23]

Trotz seiner langen Erfahrung im Pelzhandel hätte Ross fast einen fatalen Fehler gemacht, der ihn wahrscheinlich das Leben gekostet hätte. Später betätigte er sich auch als unparteiischer Friedensstifter zwischen verfeindeten Indianergruppen, da der *Company* aus Eigeninteresse daran gelegen war, die Indianer zum Jagen zu animieren und von der Kriegführung abzuhalten.

Siedler und Missionare

Die *Company* begrenzte die Besiedlung zunächst auf Vancouver Island, da das gebirgige Festland zwar Abenteurer und Reisende ob seiner landschaftlichen Schönheiten entzückte, aber als ökonomisch wenig interessant galt. Dort blieben die Pelzhändler zunächst noch unter sich, versorgten sich gegenseitig mit landwirtschaftlichen Produkten, um die langen und sehr teuren Versorgungslinien aus dem Osten abzukürzen. Viele der Händler waren über Jahre in der Region tätig, einige ließen sich dort sogar auf Dauer nieder. Schon im 18. Jahrhundert war es der Brauch vieler Waldläufer, ein eheähnliches Verhältnis mit einer sogenannten *Country Wife* einzugehen. Diese Frauen waren Indianerinnen, was für die Pelzhändler den großen Vorteil hatte, dass sie neben einem Familienleben auch Dolmetscherinnen und diplomatische Vermittlerinnen gewannen. Doch hört sich das berechnender an als es in den meisten Fällen wirklich war. Denn viele Briefe legen Zeugnis davon ab, dass es sich oft um dauerhafte und stabile Beziehungen handelte, die mit vielen Kindern gesegnet waren. Die europäischen Väter bemühten sich um eine gute Ausbildung für ihre Sprösslinge und schickten sie, wenn sie es sich leisten konnten, in den Osten des Landes oder sogar nach Europa zur Schule. Im Verlauf des 19. Jahrhunderts wurden die Töchter aus solchen Pelzhändlerehen selbst begehrte Heiratspartnerinnen für eine jüngere Generation von Händlern.

Doch dann kamen die Siedler und Missionare, wodurch sich alles änderte. Als Siedlungen gegründet wurden, führte die ständig wachsende Zahl weißer Frauen zu einem Anwachsen des Rassismus und einer Stigmatisierung derjenigen, die mit Indianerinnen verheiratet waren. Rivalität zwischen den Frauen und die Überzeugung der Weißen, Vertreterinnen einer überlegenen Kultur zu sein, verhinderten weitgehend die sozialen Kontakte zwischen weißen Frauen und Indianerinnern, die jetzt abschätzig als *Squaws* bezeichnet wurden. Zu Hauptprotagonisten der Rassenreinheit wurden die protestantischen Missionare, von denen einige seit 1840 in der Nähe der Forts ihre Missionsstationen eingerichtet hatten. Je größer die Zahl der Siedler wurde, desto mehr nutzten die Missionare und ihre Ehefrauen ihre Schlüsselstellung, um mit regelrechtem Mobbing-Verhalten die Agenten der *Company* und ihre indianischen Frauen auszugrenzen.[24] Trotz der konfessionellen Distanz entdeckten manche protestantischen Pelzhändler Sympathien für die katholischen Missionare, die sich an dergleichen Aktivitäten nicht beteiligten, sondern sich auf die Indianermission konzentrierten.

In die Region nördlich der amerikanischen Grenze sickerten nur langsam Siedler aus dem Osten ein, denn was im Süden, in den USA, zum Strom anschwoll, war hier allenfalls ein Rinnsal. Für die Indianer erwies sich dies als segensreich, denn die Angestellten der *Hudson's Bay Company* bis hinauf zum Gouverneur James Douglas waren mit den Formen indianischer Etikette vertraut und vermieden Gewaltanwendung, wenn es irgend möglich war. Die Indianer waren für sie Handelspartner, die sie nicht verprellen wollten, und allen Beteiligten war klar, dass man gemeinsam vom Handel profitieren konnte.

Je mehr Siedler kamen und sich zunächst auf Vancouver Island, später auch am gegenüberliegenden Küstenstreifen niederließen, desto schwieriger wurde es für die *Company*, die Indianer vor den Übergriffen der Siedler zu schützen, die ähnlich wie die Amerikaner am liebsten kurzen Prozess mit ihnen gemacht hätten und sie gewaltsam vertreiben oder gar töten wollten. Ab der Jahrhundertmitte allerdings begann sich die bis dahin lukrative Handelssituation zum Nachteil der Indianer zu entwickeln, denn nun brachen Kämpfe um Land als einer Ressource aus, an der beide Seiten interessiert waren.

Weiter südlich, in den USA, trafen die Siedler rasch und in großer Zahl ein, gingen mit Gewalt gegen die Indianer vor und besiedelten das Gebiet, das damals Oregon hieß und über dessen Besitz es fast zum Krieg zwischen den USA und Großbritannien gekommen war. Die *Hudson's Bay Company* gab ihre lukrativen Stützpunkte am Unterlauf des Columbia auf, der 1846 in amerikanischen Besitz überging und dadurch, dass er nun durch eine Staatsgrenze geteilt wurde, viel von seiner früheren Bedeutung als Handelsweg verlor.

Im Jahr 1849 wurde die Kolonie Vancouver Island offiziell der *Hudson's Bay Company* zur Verwaltung und kommerziellen Nutzung zugewiesen, die 1851 mit James Douglas einen erfahrenen Angestellten zum Gouverneur erhob, der die Handelsbeziehungen der *Company* schützen wollte. Die Störer waren für ihn in erster Linie die Siedler, da er südlich der Grenze, in den nördlichen US-Territorien, sehen konnte, wie rasch und brutal die Siedler gegen die Indianer vorgingen, deren Bräuche sie nicht achteten und deren Kultur sie nicht verstehen wollten. Die Massaker eskalierten in den 1850er-Jahren in einer Weise, dass selbst ein eingefleischter Indianerhasser wie der spätere Bürgerkriegsgeneral Philip Sheridan entsetzt war. Die Siedler wandten ihre eigenen Vorstellungen von Rechtmäßigkeit unflexibel auf die Indianer an und bezichtigten sie des Diebstahls von Rindern, Pferden und Haushaltsgeräten, was gewaltsame Strafaktionen zur Folge hatte. Die *Company* dagegen ging auf indianische Rechtsvorstellungen ein und sah von summarischen Strafaktionen ab, griff aber in Einzelfällen rigoros durch, um ihre Autorität nicht untergraben zu lassen.

Während die Siedler als Vorposten der britischen Zivilisation ihr missionarisches Sendungsbewusstsein pflegten, wollten die Angehörigen der *Company* Geschäfte machen, was am besten ging, wenn sie sich auf die Rechtsvorstellungen und die Kultur der Indianer einließen. Wenn Douglas und andere Angestellte der *Company* den Indianern Geschenke gaben, um die Handelsbeziehungen zu stabilisieren, sahen die Siedler ähnlich wie Emily Moffat in Südafrika darin nur „Bestechung", unredliches Verhalten also.

Bezeichnenderweise schwang sich mit Reverend Robert Staines ein protestantischer Pfarrer zum Sprecher der Siedler auf, mit denen die Kirchenleute den Überlegenheitsdünkel über die Agenten der *Company* teilten, die sie für unzivilisiert und halb verwildert hielten. Gerade in Vancouver Island wurden britische Zivilisationsnormen besonders hoch gehalten, eine Haltung, die von dort aus auf die besiedelten Gebiete des

Die Missionare an der Westküste

Ähnlich wie in den bereits dargestellten Regionen hatten die Missionare auch an der Nordwestküste zunächst kaum Erfolg mit ihrer christlichen Botschaft. Erst traumatische Erfahrungen wie das Massensterben durch eingeschleppte Krankheiten veranlassten die Westküsten-Indianer, sich dem Christentum gegenüber aufgeschlossener zu zeigen. Darum hatte die christliche Mission verschiedener Glaubensrichtungen gegen Ende des 19. Jahrhunderts größere Erfolge zu verzeichnen, und im frühen 20. Jahrhundert gehörte die große Mehrheit der Indianer nominell dem Christentum an. Dazu trugen auch die Zwangsassimilierung indianischer Kinder in Internatsschulen und das Verbot der eigenen Riten und Gebräuche durch Missionare und Regierung wesentlich bei.

Festlands übergriff. Douglas und seinen Nachfolgern blieb nicht viel Anderes übrig, als den unvermeidlichen Landverlusten der Indianer wenigstens eine rechtliche Absicherung durch Verträge zu geben und ihnen auf diese Weise einen Kaufpreis zukommen zu lassen.

Die Zurückdrängung der Indianer in immer kleinere Gebiete ließ sich aber kaum aufhalten, sodass auch Douglas die einzige Chance für das Überleben der Indianer in ihrer kulturellen Assimilation an die Weißen sah. Denn eine weitere Schleuse war gebrochen, als Gerüchte über Goldfunde die Runde machten und seit den frühen 1850er-Jahren ein ständig wachsender Strom amerikanischer Goldsucher über die Grenze ins Tal des Fraser vordrang. Dort entstanden Goldgräberstädte wie Yale, das eine Zeit lang die größte Stadt westlich von Chicago war, bevor es in den Dämmerschlaf eines kleinen Weilers versank, das es heute ist.

Endstation Vancouver

Mit dem Zustrom der Siedler kamen Krankheiten, die in mehreren Wellen die Indianer dezimierten. Während deren Zahl an der Küste vor dem ersten Kontakt mit Weißen auf ca. 125 000 geschätzt wird, lebten 1835 nur noch etwa 70 000 in dem Gebiet des späteren British Columbia, die meisten in dem Streifen westlich des Küstengebirges. Die Epidemien wirkten besonders verheerend, da die Pazifikküste das am dichtesten von Indianern besiedelte Gebiet im gesamten späteren Kanada war. In einigen Regionen war die ursprüngliche indianische Besiedlung sogar dichter als die heutige kanadische. Zu den Krankheiten kamen die Kriege, die durch den Zugang zu Feuerwaffen viel blutiger und verheerender abliefen als früher. All dies hatte zur Folge, dass die Zahl der Indianer weiter zurückging und Mitte der 1860er-Jahre etwa 40 000 betrug. Trotzdem machten sie noch gegen Ende des 19. Jahrhunderts einen beträchtlichen Anteil der Bevölkerung aus, wurden dann aber durch die einsetzende Besiedlung des Festlandes quantitativ marginalisiert und in Reservationen abgedrängt.

Im Jahr 1871 trat British Columbia der vier Jahre zuvor gegründeten kanadischen Konföderation bei und handelte als Bedingung für diesen Beitritt den Bau einer transkontinentalen Eisenbahn von Halifax bis an die Westküste aus, wo an der Endstation der Bahn Vancouver entstand. Die Indianer mussten fortan als Minderheit in einem von Weißen dominierten Staat leben, ohne ausreichendes Land und abhängig von staatlicher Sozialhilfe. Auch dieser Anpassungsprozess gelang, denn heute leben mehr Indianer als je zuvor in Kanada, sie bilden die am schnellsten wachsende Bevölkerungsgruppe, ihre Kultur wird mittlerweile anerkannt, aber nur wenigen ist es gelungen, sich wirtschaftliche Möglichkeiten in einer für sie neuen Welt zu erschließen.

Opfer der europäischen Expansion?

Die in diesem Buch geschilderten Ereignisse spielten sich nicht in einem kolonialen Kontext ab, denn die Europäer waren weder wirtschaftlich noch militärisch in der Lage, ihren Partnern Bedingungen aufzunötigen. Für den *Mwene Mutapa* war eine Herrschaft der Europäer so wenig absehbar wie einige Jahrhunderte später für Mzilikazi. Die Huronen dominierten den Pelzhandel wie die Karanga denjenigen mit Gold. Die Nordwestküsten-Indianer waren sich ihrer militärischen Stärke sehr wohl bewusst und nahmen die *Hudson's Bay Company* als militärischen Faktor nicht sonderlich ernst.

Wegen dieser fehlenden Überlegenheit musste sich die christliche Religion einem vergleichsweise freien Wettbewerb der Weltbilder stellen, sie konnte anderen nicht aufgezwungen werden. Die eher dürftigen Erfolge der Missionare sind ein deutlicher Hinweis darauf, dass sich die höhere Wahrheit der christlichen Religion oft erst mit bewaffneter Nachhilfe erschloss. Die einzige Ausnahme war die Lehre von der Auferstehung, die in Südafrika wie im Gebiet der Großen Seen auf großes Interesse stieß, weil die lokalen Religionen keine so verlockende Antwort zu geben wussten. Aber selbst hier blieb Misstrauen, wie das Beispiel der Huronen zeigt, wo erst jahrelange Tätigkeit der Missionare die Gesellschaft genügend destabilisierte und die eingeschleppten Krankheiten die Huronen so demoralisierten, dass immer mehr von ihnen bereit waren, den Worten der Jesuiten zu lauschen. Gerade den Huronen aber brachte die Mission keineswegs das Heil, sondern ein Desaster und eine Katastrophe, nämlich das Ende ihrer Gesellschaft. Dies hing in diesem Fall sicherlich damit zusammen, dass diese Gesellschaft nicht herrschaftlich organisiert war, sondern Verwandtschaft und gemeinschaftsstiftende Rituale sie zusammenhielten, deren Funktion die Mission erfolgreich in Frage stellte.

Ähnlich misstrauisch wie den Missionaren begegneten Afrikaner und Nordamerikaner auch den Kaufleuten. Maquinna, Mzilikazi und die *Mwene Mutapas* nutzten die Waren der Europäer in erster Linie zur eigenen Machtsteigerung, doch beherrschten sie alle Tricks und Schliche des Handels, von dem sie ebenso profitierten wie die Europäer. Ihr Verhalten zeugt von einer Rationalität, die alles Gerede von den „Primitiven" ebenso Lügen straft wie die Sichtweise der Geschichtsschreibung, die in ihnen allenfalls Objekte kolonialer Interventionen sehen will, sei es als Empfänger der Segnungen der „wahren" Religion und der einzig wertvollen Zivilisation, sei es als wehrlose Opfer europäischer Raffinesse und Ruchlosigkeit. Dieses Buch hat hoffentlich gezeigt, dass diese Menschen zu eigenständigem und wohlüberlegtem Handeln in der Lage waren und dass eine Geschichtsschreibung, die sie ausblendet und nur die Europäer als gute oder böse Täter im Blick hat, öde und langweilig ist.

Anmerkungen

Begegnung mit fremden Welten: Einleitung

1 Nikolaus V., *Bulle Romanus pontifex*, 8. 1. 1455, in: Eberhard Schmitt (Hg.), *Dokumente zur Geschichte der europäischen Expansion, Bd. 1: Die mittelalterlichen Ursprünge der europäischen Expansion*. München 1986, S. 218–231, hier S. 225.

2 Vasco da Gama, *Der Weg nach Ostindien*, Göttingen 2001, S. 99.

Glücklose Konquistadoren: Die Portugiesen in Südostafrika

1 Brief des Francisco de Brito an den König von Portugal, 8. 8. 1519, in: George McCall Theal (Hg.), *Records of South-Eastern Africa*, Cape Town 1964, Bd. 1, S. 94.

2 Theal, Bd. 6, S. 230.

3 G.S.P. Freeman-Grenville, *The East African Coast. Select Documents from the first to the earlier nineteenth century*, London 1975, Kap. 12 über Ibn Battutas Reise in Ostafrika, hier S. 31.

4 Duarte de Lemos an den König, 30. 9. 1508, in: Theal, Bd. 1, S. 72 f.

5 Pedro Vaz Soarez, Faktor in Sofala, an den König, 30. 6. 1513, in: Theal, Bd. 1, S. 80.

6 Joao dos Santos, Ethiopia Oriental, in: Theal, Bd. 7, S. 191.

7 Ebd., S. 202.

8 Ebd., S. 220.

9 Ebd., S. 220 f.

10 Papers concerning Sofala and Mozambique, in: Theal, Bd. 4, S. 1 f.

11 Dos Santos, Ethiopia Oriental, in: Theal, Bd. 7, S. 207.

12 Ebd., S. 273 f.

13 Dos Santos, Ethiopia Oriental, in: Theal Bd. 7, S. 192, über *Kiteve*, was aber für *Mwene Mutapa* analog galt.

14 Manuel de Faria e Sousa, Asia Portuguesa, in: Theal Bd. 1, S. 24.

15 Duarte Barbosa, in: Theal, Bd. 1, S. 95.

16 Dos Santos, Ethiopia Oriental, in: Theal, Bd. 7, S. 207, über *Kiteve*.

17 Duarte Barbosa, in: Theal, Bd. 1, S. 96.

18 Manuel de Faria e Sousa, Asia Portuguesa, in: Theal Bd. 1, S. 25.

19 Dos Santos, Ethiopia Oriental, in: Theal, Bd. 7, S. 271 f.

20 Manuel de Faria e Sousa, Asia Portuguesa, in: Theal Bd. 1, S. 26.

21 Diogo de Couto, Da Asia, in: Theal, Bd. 6, S. 372 f.

22 Pater Monclaro, Bericht der Expedition von Francisco Barreto, in: Theal, Bd. 3, S. 246 ff.

23 Pater Monclaro, Bericht der Expedition von Francisco Barreto, in: Theal, Bd. 3, S. 233.

24 Bericht über die Reise von Pater Dom Gonçalo da Silveira und seinen Tod, in: Theal, Bd. 2, S. 126.

25 Manuel de Faria e Sousa, Asia Portuguesa, in: Theal Bd. 1, S. 25.
26 Dos Santos, Ethiopia Oriental, in: Theal, Bd. 7, S. 197 über *Kiteve*.
27 Manuel de Faria e Sousa, Asia Portuguesa, in: Theal Bd. 1, S. 21 f.
28 Pater Monclaro, Bericht der Expedition von Francisco Barreto, in: Theal, Bd. 3, S. 228.
29 Vgl. die Beschreibungen bei dos Santos, in: Theal, Bd. 7, S. 280.
30 Dos Santos, Ethiopia Oriental, in: Theal, Bd. 7, S. 218.
31 Manuel de Faria e Sousa, Asia Portuguesa, in: Theal Bd. 1, S. 30.
32 Ebd., S. 23.
33 *Documents on the Portuguese in Mozambique and Central Africa*, Bd. 9, S. 135 ff.
34 Vertragstext in: Theal, Bd. 5, S. 290 ff. unterzeichnet von „Manuza, Emperor of Monomotapa" am 28. 6. 1629.

Die Katastrophe der Huronen: Pelzhandel und Missionare

1 Samuel de Champlain, *Algonquians, Hurons and Iroquois. Champlain Explores America 1603–1616*, Dartmouth 2000, S. 81.
2 Ebd., S. 86.
3 James R. Miller, *Skyscrapers hide the heavens. A history of Indian-white relations in Canada*, Toronto 1989, S. 43.
4 Alfred Goldsworthy Bailey, *The Conflict of European and Eastern Algonkian Cultures 1504–1700. A Study in Canadian Civilization*, Toronto / Buffalo 1969, S. 98 f.
5 Reuben Gold Thwaites (Hg), *Jesuit Relations and Allied Documents: Travels and Explorations of the Jesuit Missionaries in New France 1610–1791*, 73 Bände, Cleveland 1896, Bd. 10, S. 27.
6 Ebd., Bd. 17, S. 13–15.
7 Francis Jennings (Hg.), *The History and Culture of Iroquois Diplomacy. An Interdisciplinary Guide to the Treaties of the Six Nations and Their League*, Syracuse 1985.
8 Thwaites, Jesuit Relations, Bd. 10, S. 229 ff.
9 Ebd., Bd. 8, S. 147.
10 Ebd., Bd. 17, S. 127.
11 Ebd., S. 129.
12 Ebd., S. 125
13 Ebd., Bd. 10, S. 121.
14 Ebd., Bd. 15, S. 33.
15 Ebd., Bd. 26, S. 283
16 Ebd., Bd. 15, S. 33.
17 Ebd., Bd. 10, S. 145.
18 Ebd., S. 281.
19 Ebd., S. 279–305.
20 Ebd., Bd. 34, S. 27–29.

Der König und der Missionar: Die neue Welt der Ndebele

1 J. P. R. Wallis (Hg.), *The Matabele Journals of Robert Moffat 1829–1860*, 2 Bände, Salisbury 1976, hier Bd. 1, S. 12.
2 Cape Archives, CO 2743, Civil Commissioners Office, Graaff-Reinet, an Chief Secretary CO, 3.1.1833, Beilage: Bericht von John Philip.
3 Peter Becker, *Path of Blood. The Rise and Conquests of Mzilikazi, Founder of the Matabele tribe of Southern Africa*, London 1966, S.19.
4 Christoph Marx, „Kolonialkrieg und rassistische Dämonologie. Das südliche Afrika im 19. Jahrhundert", in: Mihran Dabag / Horst Gründer / Uwe-K. Ketelsen (Hg.), *Kolonialismus. Kolonialdiskurs und Genozid. Genozid und Gedächtnis*, München 2004, S. 167–184.
5 John Burrow, *Travels in the Wilds of Africa, being the diary of a young scientific assistant who accompanied Sir Andrew Smith in*

the expedition of 1834–1836, (hg. von Percival Kirby), Cape Town 1971, S. 15.
6 Wallis, Matabele Journals, Bd. 2, S. 206.
7 Wallis, Matabele Journals, Bd. 1, S. 29.
8 William Cornwallis Harris, *The Wild Sports of South Africa*, London 1852, S. 101.
9 John Mackenzie, *Ten Years North of the Orange River. A Story of Everyday Life and Work among the South African Tribes from 1859 to 1869*, Edinburgh 1871, S. 304 und 310 f.
10 Wallis, Matabele Journals, Bd. 1, S. 14.
11 Thomas Morgan Thomas, *Eleven Years in Central South Africa*, Bulawayo 1970, S. 285.
12 Mackenzie, Ten Years, S. 337.
13 John Unwin Moffat / John Smith Moffat, *Missionary. A Memoir*, London 1921, S. 100. J. P. R. Wallis (Hg.), *The Matabele Mission. A Selection from the Correspondence of John and Emily Moffat, David Livingstone and Others, 1858–1878*, London 1945, S. 101 f.: Emily Moffat an J. S. Unwin, 24.6.1860.
14 Mackenzie, Ten Years, S. 319 f.
15 Wallis, Matabele Journals, Bd. 1, S. 67 u. S. 69 f.
16 South African Museum, Cape Town, Aufzeichnungen von Andrew Smith, Vol. 12, S. 108 f.
17 James Archbell, in: Andrew Steedman, *Wanderings and Adventures in the Interior of South Africa*, vol. II, London 1835, S. 33. Burrow, Travels, S. 52 f.
18 Wallis, Matabele Journals, Bd. 1, S. 24.
19 Cape Archives, ZD A4, Lindley in Mosika, 29.8.1836.
20 Harris, Wild Sports, S. 109.
21 Harris dagegen, der mit seinen Geschenken knauserig war, erhielt zwei schlechte Ochsen: Harris, Wild Sports, S. 108.
22 Wallis, Matabele Journals, Bd. 1, S. 16.
23 Das Begrüßungsritual wird ausführlich geschildert bei Harris, Wild Sports, S. 99 ff. u. Burrow, Travels, S. 51.
24 Mackenzie, Ten Years, S. 320 ff.
25 Wallis, Matabele Journals, Bd. 1, S. 288.
26 Ebd., S. 31.
27 Cape Archives, ZD A4, Lindley, Tagebuch 9.4.1836.
28 Harris, Wild Sports, S. 116 f.
29 Ebd., S. 119 f.
30 Wallis, Matabele Journals, Bd. 1, S. 20 f.
31 Wallis, The Matabele Mission, S. 106.
32 Ebd., S. 77.
33 Andrew Smith's Journal, S. 238 f., Vgl. Leroy Vail / Landeg White, *Power and the Praise Poem. Southern African Voices in History*, Charlottesville / London 1991, S. 90 ff.
34 Jean-François Bayart, *L'Etat en Afrique. La politique du ventre*, Paris 1989.
35 Wallis, Matabele Journals, Bd. 1, S. 244 f.
36 Wallis, The Matabele Mission, S. 246.

Vom Handel zur Besiedlung: Aus Indianerland wird British Columbia

1 Daniel W. Clayton, *Islands of Truth. The Imperial Fashioning of Vancouver Island*, Vancouver / Toronto 2000, S. 23.
2 Ebd., S. 24 f.
3 Heinrich Zimmermann, *Reise um die Welt mit Captain Cook*, Düsseldorf 2001, S. 87.
4 Ebd., S. 93.
5 Ebd., S. 90.
6 Franz Boas / George Hunt (Hg.), *Die fremde Welt der Kwakiutl*, Berlin 1994.

7 John R. Jewitt, *White Slaves of Maquinna. John R. Jewitt's Narrative of Capture and Confinement at Nootka*, Surrey 2000, S. 67 f.
8 Claude Lévi-Strauss, *Der Weg der Masken*, Frankfurt 2004.
9 Wilson Duff, *The Indian History of British Columbia. The Impact of the White Man*, Victoria 1997, S. 82.
10 Jewitt, White Slave, S. 32 f.
11 Ebd., S. 77.
12 Ebd., S. 86.
13 Ebd., S. 57.
14 Ebd., S. 170.
15 Ebd., S. 61.
16 Ebd., S. 62.
17 Ebd., S. 159.
18 Ebd., S. 150.
19 Robin Fisher, *Contact and Conflict. Indian-European Relations in British Columbia, 1774–1890*, Vancouver 1977, S. 44.
20 Jean Murray Cole (Hg.), *This Blessed Wilderness. Archibald McDonald's Letters from the Columbia, 1822–44*, Vancouver / Toronto 2001, S. 84 passim.
21 Alexander Ross, *The Fur Hunters of the Far West*, Norman 1956, S. 269 f.
22 Fisher, Contact and Conflict, S. 40.
23 Ross, The Fur Hunters, S. 26.
24 Sylvia Van Kirk, *Many tender ties. Women in fur-trade society; 1670–1870*, Norman 1980, bes. Kap. 9.

Literatur

In dieser Bibliografie werden nur solche Titel zusätzlich aufgeführt, die in den Anmerkungen nicht erwähnt wurden.

Zur Geschichte von *Great Zimbabwe* und dem *Mwene Mutapa*-Reich sind grundlegend:

David Norman Beach, *The Shona and Zimbabwe, 900–1850. An outline of Shona history*, London 1980.

Ders., *The Shona and their Neighbours*, Oxford / Cambridge 1994.

Peter S. Garlake, *Simbabwe. Goldland der Bibel oder Symbol afrikanischer Freiheit? Neue Entdeckungen der Archäologie*, Bergisch Gladbach 1975.

Thomas N. Huffman, *Snakes and Crocodiles. Power and Symbolism in Ancient Zimbabwe*, Johannesburg 1996.

Stanley I. G. Mudenge, *A Political History of Munhumutapa c.1400–1902*, Harare 1988.

Innocent Pikirayi, *The Zimbabwe Culture. Origins and Decline of Southern African States*, Walnut Creek / Lanham / New York / Oxford 2001.

Das wichtigste neuere Werk zur Präsenz der Portugiesen ist:

Malyn Newitt, *A History of Mozambique*, Johannesburg 1995.

Die beiden klassischen, bis heute unübertroffenen Werke zur Geschichte der Huronen sind:

Elisabeth Tooker, *An Ethnography of the Huron Indians, 1615–1649*, Syracuse 1991.

Bruce G. Trigger, *The Children of Aataentsic. A History of the Huron People to 1660*, Montreal / Kingston / London / Ithaca 1987.

Einen Überblick über die Geschichte der Irokesen und ihrer Kriege mit den Huronen findet man auch in:

Keith F. Otterbein, Huron vs. Iroquois: „A Case Study in Inter-Tribal Warfare", in: *Ethnohistory*, 26, 2, 1979, S. 141–152.

Daniel K. Richter / James H. Merrell, *Beyond the Covenant Chain. The Iroquois and Their Neighbors in Indian North America, 1600–1800*, University Park 2003.

Dean R. Snow, *The Iroquois*, Oxford 1994.

Zur Geschichte der Jesuitenmission:

Franz-Joseph Post, *Schamanen und Missionare. Katholische Mission und indigene Spiritualität in Nouvelle-France*, Münster 1997.

Aus Sicht der Jesuiten:

Lucien Campeau, *The Jesuit Mission to the Hurons 1634–1650*, o. O. 2002.

Die wichtigsten Darstellungen zur Geschichte der Ndebele sind:

Julian Cobbing, *The Ndebele under the Khumalos c.1820–96*, unveröffentlichte Dissertation, Lancaster University 1976.

R. Kent Rasmussen, *Migrant Kingdom. Mzilikazi's Ndebele in South Africa*, London 1978.

Ders., *Mzilikazi*, Harare 1977.

Der größere Kontext des *Mfecane* wird dargestellt in:

Norman Etherington, *The Great Treks. The Transformation of Southern Africa, 1815–1854*, Harlow / London 2001.

Carolyn Hamilton (Hg.), *The Mfecane Aftermath – Reconstructive Debates in Southern African History*, Johannesburg / Pietermaritzburg 1995.

Christoph Marx, „Grenzfälle. Zu Geschichte und Potential des Frontierbegriffs", in: *Saeculum*, 54, 1, 2003, S. 123–143.

Die wichtigsten neueren Publikationen zur Mission im südlichen Afrika sind:

Jean u. John Comaroff, *Of Revelation and Revolution*, 2 Bände, Chicago 1991 u.1997.

John de Gruchy (Hg.), *The London Missionary Society in Southern Africa. Historical essays in celebration of the bicentenary of the LMS in Southern Africa 1799–1999*, Cape Town 1999.

Der Pelzhandel an der Nordwestküste wird behandelt in:

James R. Gibson, *Otter Skins, Boston Ships and China Goods. The Maritime Fur Trade of the Northwest Coast, 1785–1841*, Seattle / Montreal / Kingston / London 1992.

Zur Geschichte der Indianer an der Westküste Kanadas:

Robert J. Muckle, *The First Nations of British Columbia*, Vancouver 2003.

Arthur J. Ray, *Indians in the Fur Trade. Their Role as Trappers, Hunters, and Middlemen in the Lands Southwest of Hudson Bay, 1660–1870*, Toronto / Buffalo / London 1998.

Zur Spätzeit der *Hudson's Bay Company*:

Mary Weekes, *Trader King. The Thrilling Story of Forty Years' Service in the North-West Territories*, Calgary 2007.

Eine neuere Gesamtdarstellung der Geschichte von British Columbia:

Jean Barman, *The West beyond the West. A History of British Columbia*, Toronto / Buffalo / London 2004.

Bildnachweis

S. 13, 106: SchreiberVIS, Seeheim; S. 15, 72, 116, 128: Christoph Marx; S. 36: nach Martin Hall: *The Changing Past: Farmers, Kings and Traders in Southern Africa, 200–1860*, Johannesburg 1987; S. 47: nach Daniel Richter: *Facing East from Indian Country*, Cambridge u. a. 2003; S. 50: nach Brian Fagan: *Das frühe Nordamerika*, München 1993; S. 79: nach John George Wood: *The Natural History of Man*, London 1868; S. 86, 96: nach Perival Kirby (Hg.): *The Diary of Dr. Andrew Smith, director of the Expedition for Exploring Central Africa 1834–1836*, Bd. 2, Cape Town 1940; S. 109: nach Edward Curtis: *Die Indianer Nordamerikas*, Köln 2003; S. 113: nach Garfinkel Publications,Vancouver

Christoph Marx, geb. 1957, lehrt als Professor Außereuropäische Geschichte an der Universität Duisburg-Essen. Er ist Spezialist für die Geschichte des südlichen Afrika und befasst sich auch mit vergleichender Geschichte, u. a. mit Nordamerika.